Das kann doch weg!

Fumio Sasaki

Das kann doch weg!

Das befreiende Gefühl,
mit weniger zu leben

55 Tipps für einen
minimalistischen Lebensstil

Aus dem Amerikanischen übersetzt
von Martin Bauer

INTEGRAL

Die japanische Originalausgabe erschien 2015 unter dem Titel
BOKUTACHINI, MOU MONO WA HITSUYOU NAI
bei Wani Books Co., Ltd., Japan.

Dieses Buch wurde übersetzt nach der amerikanischen Ausgabe
»Goodbye, Things« (Übersetzung: Eriko Sugita), erschienen 2017
bei W.W. Norton & Company, USA.

MIX
Papier aus verantwortungsvollen Quellen
FSC® C083411
FSC www.fsc.org

Verlagsgruppe Random House FSC® N001967

5. Auflage

Redaktion: Angelika Holdau
Umschlaggestaltung: Guter Punkt, München,
unter Verwendung eines Motivs von © Photographee.eu/shutterstock
Satz: Satzwerk Huber, Germering
Druck und Bindung: CPI books GmbH, Leck
ISBN 978-3-7787-9285-8
www.ansata-verlag.de
www.facebook.com/Integral.Lotos.Ansata

Inhaltsverzeichnis

Einleitung

Es macht glücklich, weniger zu besitzen. Deswegen wird es Zeit, sich von allem Überflüssigem zu trennen.

So lautet die minimalistische Version meiner Botschaft, die ich mit diesem Buch übermitteln möchte. Ich möchte zeigen, wie herrlich es sein kann, weniger zu besitzen, auch wenn uns von Kindesbeinen an genau das Gegenteil eingetrichtert wird. Wir glauben, das Glück liege in materiellen Dingen. Wir wissen nicht, was morgen kommt, deswegen horten und sparen wir so viel wie nur irgend möglich.

Um das zu tun, brauchen wir eine Menge Geld, weshalb wir irgendwann anfangen, Menschen nach ihrem Reichtum zu beurteilen. Wir merken, dass Geld viele Probleme lösen kann. Wenn der Betrag stimmt, ändern Menschen sogar ihre Meinung. Und wenn sich der Verstand anderer Menschen kaufen lässt, dann doch bestimmt auch das Glück. Und so verfestigt sich die Überzeugung, man müsse einen Haufen Geld verdienen, um als erfolgreich zu gelten. Damit man selbst Geld verdienen kann, müssen andere Menschen ihres ausgeben. Und so geht es munter im Kreis herum.

Ich möchte an dieser Stelle ein wenig von mir selbst erzählen. Ich bin 35 Jahre alt, unverheiratet und Lektor in einem Verlag. Kürzlich zog ich aus Nakameguro, dem Viertel Tokios, in dem ich ein Vierteljahrhundert lang gelebt hatte, in ein Viertel namens Fudomae. Meine neue Monatsmiete beträgt 67.000 Yen (etwa 510 Euro) – 20.000 Yen (150 Euro) weniger als zuvor, doch der Umzug fraß fast meine gesamten Ersparnisse auf.

Mancher Leser mag mich jetzt für einen Loser halten, einen Mann, der es im besten Mannesalter noch nicht zu Frau und Kind oder Wohlstand gebracht hat. Meinem alten Ich wäre dieser Umstand so peinlich gewesen, dass ich ihn verschwiegen hätte. Ich war erfüllt von sinnlosem Stolz. Doch inzwischen sorge ich mich nicht mehr darum, was andere Menschen von mir denken. Der einfache Grund dafür: Ich bin glücklich, so wie ich bin.

Vor zehn Jahren wollte ich unbedingt ins Verlagswesen, ich träumte von einem Job, in dem ich über große Ideen und kulturelle Werte nachdenken durfte, anstatt immer nur auf Geld und Besitz schielen zu müssen. Doch mein anfänglicher Enthusiasmus ließ bald nach. Die Verlagsbranche erlebte schwierige Zeiten, weshalb wir zum Überleben Bücher verlegen mussten, die sich vor allem verkauften. Wenn wir keine populären Titel herausbrachten, würden wir bald gar nichts mehr verlegen können, unabhängig davon, für wie wichtig oder klug wir bestimmte Werke hielten. Mit den Zwängen des Wirtschaftslebens konfrontiert, musste ich schnell erwachsen werden. Die Leidenschaft, die anfangs noch in mir gebrannt hatte, kühlte ab, und schließlich übernahm auch ich resignierend die Einstellung, dass am Ende nur das Geld zählt.

Doch dann befreite ich mich vom Großteil meines materiellen Besitzes – und erkannte, dass genau das Gegenteil zutrifft.

Minimalismus ist ein Lebensstil, bei dem man seinen Besitz auf das absolut notwendige Minimum zurückfährt. Das hat ganz praktische Vorteile – bei mir ist es immer aufgeräumt, das Putzen geht sehr flott –, eröffnet aber auch eine völlig neue

Perspektive auf das Leben. Der Minimalismus gab mir die Chance, darüber nachzudenken, was Glück wirklich bedeutet. Ich trennte mich von zahllosen Dingen, von denen ich viele jahrelang besessen hatte. Und trotzdem lebe ich jetzt glücklicher. Ich bin so zufrieden wie nie zuvor.

Wir alle wollen glücklich sein. Dafür strengen wir uns im Beruf an, im Studium, beim Sport, bei der Erziehung oder bei unseren Hobbys. Denn im Grunde suchen wir immer das Glück. Das ist der innere Antrieb für all unser Streben.

Ich war nicht immer Minimalist. Früher kaufte ich jede Menge Sachen in dem Glauben, all diese Dinge würden mein Selbstwertgefühl steigern und mich glücklicher machen. Ich liebte es, unnützen Krempel anzusammeln, und konnte nichts wegwerfen – wie das Foto meiner vollgestopften Wohnung im Bildteil des Buches belegt. Ich hortete lauter Krempel – in der Hoffnung, er würde mich zu einer interessanteren Person machen. Gleichzeitig maß ich mich ständig mit anderen Menschen, die mehr oder Besseres besaßen, was mich nur traurig machte. Ich wusste nicht, wie ich dieser Falle entkommen sollte. Ich konnte mich auf nichts konzentrieren und vergeudete meine Zeit sinnlos. Irgendwann bereute ich sogar, die Stelle angenommen zu haben, nach der ich mich so sehr gesehnt hatte. Ich fing an zu trinken und behandelte Frauen schäbig. Ich haderte nicht einmal mit meinem Verhalten, ich glaubte, ich sei nun einmal so und verdiente auch gar nicht, glücklich zu sein.

Auch früher war meine Wohnung nicht total vermüllt – wenn meine Freundin sich über das Wochenende ankündigte, konnte ich schon so weit aufräumen, dass es einigermaßen anständig aussah. Ich versuchte, eine »coole« Stimmung zu erzeugen, indem ich meine liebsten Dekostücke in Szene setzte;

die indirekte Beleuchtung sorgte für eine einladende Atmosphäre. An normalen Tagen aber stapelten sich überall Bücher, weil meine Regale schon überquollen. In die meisten dieser Bücher hatte ich ein, zwei Mal hineingeschaut und mir vorgenommen, sie irgendwann einmal zu lesen, wenn ich Zeit dafür hätte.

Mein Einbauschrank war für Besucher absolut tabu – hier türmten sich meine abgelegten Ex-Lieblingsklamotten. Alle Jubeljahre kramte ich ein Teil heraus, überlegte, ob ich es anziehen sollte, und ließ es dann doch immer bleiben. Die meisten Sachen hatte ich nur wenige Male getragen, doch sie waren so teuer gewesen, dass ich mir vormachte, ich müsste sie nur waschen und bügeln, dann würde ich sie schon wieder anziehen. Überall im Zimmer lagen unbeachtet Dinge herum, die von abgelegten Hobbys und Zeitmangel kündeten: eine Anfängergitarre samt Verstärker, Englisch-Lehrbücher, ein toller alter Fotoapparat, in den ich nie auch nur einen Film einlegte.

Da mich all diese Dinge nicht mehr interessierten, gab es zu Hause nichts, was ich gern tat. Ich sah fern, daddelte auf dem Smartphone herum oder holte mir unten im Laden Alkohol und soff, auch wenn ich wusste, dass ich damit aufhören musste.

Und ich verglich mich weiter mit anderen. Ein Freund aus Studienzeiten lebte in einer schicken Eigentumswohnung in einem Tokioter Neubaugebiet. Durch eine elegante Diele gelangte man in ein Wohnzimmer mit stilvollen schwedischen Möbeln und edlem Geschirr. Bei jedem Besuch fragte ich mich, wie viel Miete er wohl bezahlte. Er arbeitete in einem großen Unternehmen, bezog ein gutes Gehalt, hatte seine umwerfende Freundin geheiratet und mit ihr ein wunderschönes Baby bekommen, das von Kopf bis Fuß in modischen Klamotten steckte. Früher auf der Uni hatten unsere Leben fast gleich ausgesehen. Was war seitdem passiert? Wie hatten unsere Leben derart auseinanderdriften können?

Oder ich ärgerte mich über einen Angeber in einem makellos weißen Ferrari, der an mir vorbeibrauste. Das Auto hatte wahrscheinlich doppelt so viel gekostet wie meine Wohnung. Belämmert sah ich dem Ferrari hinterher und trat wieder in die Pedale meines Fahrrads, das ich einem Freund für 50 Euro abgekauft hatte.

Ich kaufte mir Lotterielose – in der Hoffnung, über Nacht wieder aufzuholen. Ich trennte mich mit dem Argument von meiner Freundin, angesichts meiner traurigen Finanzen sehe ich keinerlei Zukunft für uns. In all dieser Zeit verbarg ich meinen Minderwertigkeitskomplex und tat, als stände in meinem Leben alles zum Besten. Doch ich fühlte mich fürchterlich – und sorgte dafür, dass andere Menschen sich ebenfalls mies fühlten.

Zum Glück habe ich dann endlich einen Großteil meiner Sachen weggeworfen und mich dadurch zu einem anderen Menschen entwickelt.

Sie glauben jetzt vielleicht, ich würde übertreiben. Jemand hielt mir einmal vor: »Du hast doch nur Krempel weggeschmissen!« Und das stimmt, ich habe noch nicht viel erreicht, und es gibt nichts, worauf ich übermäßig stolz sein könnte, zumindest bisher. Doch eines ist sicher: Je weniger Dinge mich umgeben, desto glücklicher bin ich. Langsam dämmert mir, was Glück bedeutet.

Geht es Ihnen ähnlich wie mir einst? Sind Sie unglücklich, vergleichen Sie sich ständig mit anderen, finden Sie Ihr Leben schlimm? Dann sollten Sie sich vielleicht von ein paar Dingen befreien. Natürlich gibt es Menschen, die sich schlicht nichts aus materiellen Dingen machen, und einige wenige Helden, die auch umgeben von einem Haufen Krempel gedeihen. Für alle anderen habe ich dieses Buch geschrieben. Jeder will glücklich sein, doch niemand weiß, wo er es findet. Denn gekauftes Glück hält nie lange vor.

Nach meinen Erfahrungen glaube ich fest: Sich von Dingen zu verabschieden, bedeutet mehr als bloß zu entrümpeln. Meiner Ansicht nach ist Abschiednehmen eine Übung darin, über wahres Glück nachzudenken. Das mag jetzt übertrieben klingen. Aber ich bin fest davon überzeugt.

Zum Aufbau dieses Buches

Im ersten Kapitel versuche ich mich an einer Definition davon, was ein Minimalist ist und was sein Leben ausmacht. Darin gehe ich auch einigen Gründen nach, warum die Zahl der Minimalisten in den letzten Jahren meiner Ansicht nach gestiegen ist. Im zweiten Kapitel untersuche ich, warum wir überhaupt so viel Zeug anhäufen. Ich betrachte die Gewohnheiten und Wünsche, die wir Menschen haben, und die Bedeutung, die hinter all den Objekten steckt, die wir besitzen. Das dritte Kapitel stellt einige einfache Regeln und Methoden vor, wie man seinen Besitz reduziert, gefolgt von einer weiteren Liste für bereits fortgeschrittene Minimalisten und von Ratschlägen für Minimalisten, die süchtig danach geworden sind, Dinge zu entsorgen. Im vierten Kapitel schildere ich die Veränderungen, die in mir vorgegangen sind, während ich meinen Besitz auf das absolute Minimum reduzierte. Sie bekommen einen Einblick darin, welche Vorteile es für mich brachte, zum Minimalisten zu werden. Unter anderem wurde ich mir dessen bewusster, wie glücklich ich bin. Das fünfte Kapitel untersucht genauer, warum mich diese Veränderungen glücklich machten. Außerdem beschreibe ich, was ich während dieses Prozesses über das Glücklichsein gelernt habe.

Ich hoffe, Sie beginnen das Buch am Anfang, um ein besseres Gespür für Minimalismus zu entwickeln. Doch Sie können die

Kapitel auch in beliebiger Reihenfolge lesen. Ganz Eilige, die das Gefühl haben, sie sollten sich dringend von ihrem Krempel trennen, können direkt zum dritten Kapitel springen.

In diesem Buch definiere ich Minimalismus als (1) Reduktion der notwendigen Dinge auf ein Minimum und (2) Abstellen aller Exzesse, um sich auf die Dinge konzentrieren zu können, die wirklich zählen. Menschen, die so leben, betrachte ich als Minimalisten.

Wir streben lieber danach, andere glauben zu machen, wir wären glücklich, anstatt zu versuchen, tatsächlich glücklich zu sein.

Ffancois de la Rochefoucauld

Du bist nicht deine Arbeit. Du bist nicht, wie viel Geld du auf dem Konto hast. Du bist nicht das Auto, das du fährst. Du bist nicht der Inhalt deiner Geldbörse. Du bist nicht deine scheiß Cargohosen.

Tyler Durden, *Fight Club*

Glück bedeutet nicht, das zu haben, was man will, sondern das zu wollen, was man hat.

Rabbi Hyman Schachtel

1

Minimalismus – wofür?

Wir alle haben einmal als Minimalisten angefangen

Betrachten Sie es so: Kein Baby kommt mit materiellem Besitz in der Hand auf die Welt.

Jeder beginnt als Minimalist. Unser Wert bemisst sich nicht am Wert unseres Besitzes. Dinge können uns nur vorübergehend glücklich machen. Unnötige Habseligkeiten stehlen uns nur unsere Zeit, unsere Energie und unsere Freiheit. Ich glaube, genau das haben Minimalisten verstanden.

Jeder kennt das befreiende Gefühl, Ballast abzuwerfen und wieder zu schweben – selbst wenn sich der Krempel zu Hause nur so türmt. Irgendwann erlebt jeder dieses Gefühl, zum Beispiel auf Reisen.

In letzter Minute fangen Sie an, Ihren Koffer zu packen. Sie gehen die Checkliste der Dinge durch, die Sie mitnehmen wollen, fürchten aber trotzdem, etwas Wichtiges vergessen zu haben. Aber die Uhr tickt und Sie müssen los. Sie schließen den Koffer, ziehen die Tür hinter sich zu und gehen – mit einem seltsamen Gefühl von Freiheit.

Sie sind überzeugt davon, eine Zeit lang mit dem Inhalt dieses einen Koffers auskommen zu können. Vielleicht haben Sie tatsächlich etwas vergessen, aber dann kaufen Sie es halt an Ihrem Urlaubsziel nach.

Sie kommen in Ihrem Hotel an und legen sich auf das frisch gemachte Bett – oder auf die Tatami-Matte, wenn es sich um ein Hotel im japanischen Stil handelt. Das Zimmer ist sauber und aufgeräumt. Sie sind nicht umgeben von all den Dingen, die Sie normalerweise ablenken, dem Zeug, das Ihre Aufmerksamkeit sonst so beansprucht. Deswegen fühlen sich Hotelzimmer oft so gemütlich an. Sie stellen Ihre Tasche ab und machen sich auf zu einem Erkundungsspaziergang. Sie schlendern leichtfüßig umher und könnten endlos weiter so herumstreifen. Sie haben die Freiheit, dorthin zu gehen, wo auch immer Sie hin möchten. Die Zeit steht auf Ihrer Seite, Sie sind unbeschwert von häuslichen Pflichten und beruflicher Verantwortung.

Diesen minimalistischen Zustand kennen die meisten von uns. Das Gegenteil allerdings auch: Stellen Sie sich jetzt den Moment vor, in dem Sie die Heimreise antreten. Ihre Sachen, die vorher so ordentlich gepackt in den Koffer passten, quetschen Sie wahllos hinein. Die gekauften Souvenirs passen nicht mehr in den Koffer, weshalb Sie zusätzlich zwei große Papiertüten mit sich herumschleppen. Die Eintrittskarten und Quittungen sortieren Sie dann hinterher. Ganz bestimmt. Deswegen fliegen sie jetzt noch in Ihren Taschen herum. Sie stehen in der Schlange vor der Sicherheitskontrolle und müssen gleich Ihre Bordkarte herzeigen. Au weia, wo steckt die denn schon wieder? Sie kramen überall herum, ohne Erfolg. Sie nähern sich der Kontrolle und werden nervös. Sie spüren die bösen Blicke der hinter Ihnen stehenden Passagiere, es fühlt sich an, als bohrten sich Nadeln in Ihren Rücken.

Das ist ein maximalistischer Zustand. Stressige Situationen dieser Art entstehen, wenn man mit mehr Dingen belastet ist, als man verträgt. Man erkennt nicht mehr, was wirklich wichtig ist. Je mehr wir besitzen, desto mehr Zeit und Energie verwenden wir darauf, unseren Krempel zu verwalten und zu pflegen. Das kostet uns so viel Kraft, dass die Dinge, die ja eigentlich *uns* dienen sollten, uns am Ende beherrschen. Tyler Durden brachte es in dem Film *Fight Club* perfekt auf den Punkt: »Die Dinge, die du besitzt, werden letztendlich dich besitzen.«

Ein typischer Tag, bevor ich Minimalist wurde

Als ich noch eine Menge Zeug besaß, sah mein Alltag ungefähr so aus: Ich kam von der Arbeit heim, schmiss meine Kleidung irgendwo hin und ließ sie dort einfach liegen. Dann duschte ich. Dabei fiel mir jedes Mal der Sprung im Waschbecken auf, der repariert werden musste. Ich setzte mich vor den Fernseher und sah mir Sendungen an, die ich aufgezeichnet hatte, oder einen Film aus der Videothek und machte eine Dose Bier auf. Später am Abend stieg ich dann auf Wein um und es gab Zeiten, da leerte sich eine Flasche so schnell, dass ich betrunken zum Laden um die Ecke springen musste, um Nachschub zu holen.

Irgendwo hörte ich einmal den Spruch: Alkohol macht nicht glücklich, lässt dich dein Unglück aber einen Augenblick lang vergessen. Das traf in meinem Fall genau zu. Ich wollte vergessen, wie mies ich mich fühlte, nur einen Augenblick lang.

Am nächsten Morgen wachte ich dann übelgelaunt auf und wäre am liebsten liegen geblieben. Alle zehn Minuten drückte ich die Schlummertaste an meinem Wecker, bis die Sonne hoch am Himmel stand und ich schon viel zu spät dran war. Ich war verkatert und mein Kopf dröhnte, weil ich wieder zu viel getrunken hatte. Während ich auf der Toilette meinem Geschäft nachging, überprüfte ich meinen Bauchspeck. Dann öffnete ich meinen Wäschetrockner und zog das verknitterte Uniqlo-Hemd heraus, das ich am Vorabend hineingeworfen hatte. Ich zog mich an, warf einen kurzen Blick auf den Berg ungewaschener Kleidung und hetzte los.

Die blöde Pendelei zur Arbeit ging mir wahnsinnig auf den Senkel. Im Büro surfte ich erst einmal ziellos im Internet, bis ich endlich in die Gänge kam. Ständig checkte ich meine E-Mails und beantwortete alles sofort – so hoffte ich, den Eindruck zu vermitteln, meinem Job leidenschaftlich nachzugehen. Die wirklich wichtige Arbeit schob ich indes ständig vor mir her. Am Abend ging ich dann heim, wenn es Zeit zu gehen war, nicht wenn ich fertig war.

Damals fand ich für alles Ausreden. Am Morgen war ich nicht aus dem Bett gekommen, weil ich am Vorabend noch so lang geschuftet hatte. Mein Übergewicht war genetisch vorbestimmt. Wenn ich nur eine bessere Wohnung hätte, könnte ich mich morgens gleich in die Arbeit stürzen. Am Chaos in meiner Wohnung trage ich nun wirklich keine Schuld – die Bude ist einfach zu klein. Und aufzuräumen lohnt sich nicht – schließlich miete ich sie nur. Klar, in einer großzügigen Eigentumswohnung würde ich ganz bestimmt Ordnung halten. Aber bei meinem überschaubaren Lohn kann ich mir halt nichts Eigenes leisten.

Für alles fand ich eine Ausrede, mir schwirrten ausschließlich negative Gedanken durch den Kopf. In diesem Trott steckte ich fest, doch mein dummer Stolz verbat mir, etwas dagegen zu unternehmen – schließlich könnte ich dabei ja auch scheitern.

Ein typischer Tag als Minimalist

Seit ich nur noch das Nötigste besitze, sieht mein Alltag völlig anders aus. Wenn ich von der Arbeit nach Hause komme, bade ich erst einmal. Danach wische ich die Wanne gleich wieder aus. Dann ziehe ich meine Gammelklamotten für Zuhause an. Da ich den Fernseher verkauft habe, lese oder schreibe ich jetzt. Ich trinke nur noch in Gesellschaft Alkohol. Vor dem Zubettgehen mache ich jetzt ausführlich Gymnastik – seit der Krempel verschwunden ist, habe ich jede Menge Platz dafür.

Ich stehe bei Sonnenaufgang auf, meinen Wecker brauche ich gar nicht mehr. Durch die unverstellten Fenster fällt Sonnenlicht auf meine weißen Tapeten, wodurch die Wohnung sehr hell wird. Das Aufstehen, das mir früher so schwer fiel, ist mir inzwischen zu einer angenehmen Routine geworden. Ich räume meine Futon-Matratze weg, genieße in Ruhe mein Frühstück, schlürfe einen Espresso, spüle das Geschirr und räume es sofort wieder auf. Dann meditiere ich, um den Kopf frei zu bekommen. Ich sauge meine Wohnung jeden Tag. Bei schönem Wetter mache ich die Wäsche. Ich ziehe Kleidung an, die sorgfältig gefaltet war, und verlasse die Wohnung gut gelaunt. Mittlerweile gefällt es mir, jeden Tag den gleichen Weg zur Arbeit zu nehmen – so kann ich die allmählichen Veränderungen im Lauf der Jahreszeiten besser würdigen.

Ich kann gar nicht glauben, wie sehr sich mein Leben verändert hat. Ich habe meinen Krempel über Bord geworfen und bin jetzt wirklich glücklich.

Was raus musste

Lassen Sie mich schildern, von welchen Dingen ich mich trennte:

- Von all meinen Büchern und Bücherregalen. Die Bücher hatten mich mindestens eine Million Yen (8.000 Euro) gekostet, doch ich gab sie für 20.000 Yen (160 Euro) weg.

- Von meiner Stereoanlage und allen CDs. Früher gab ich mich gern als Experte für verschiedene Musikstile aus, selbst wenn sie mich nicht sonderlich interessierten.
- Von einem großen Küchenschrank, den ich aus irgendeinem Grund mit Vorräten gefüllt hatte, obwohl ich allein lebe.
- Von einer Sammlung antiker Stücke, die ich leichtfertig auf Auktionen gekauft hatte.
- Von teurer Kleidung, die mir nicht mehr passte, die ich aber wieder anzuziehen plante, wenn ich – irgendwann – abgenommen hätte.
- Von einer kompletten Fotoausrüstung. Ich hatte sogar eine Dunkelkammer eingerichtet. Was hatte ich mir dabei wohl gedacht?
- Von etlichen Werkzeugen zur Reparatur meines Fahrrads.
- Von einer E-Gitarre samt Verstärker, die Staub angesetzt hatten. Vorher wollte ich sie nicht entsorgen, um mir nicht eingestehen zu müssen, dass mein Versuch, Rockstar zu werden, gescheitert war.
- Von einem Tisch und einem Esstisch, die beide viel zu groß für einen Junggesellen waren. Obwohl ich davon träumte, gemeinsam mit anderen Fondue zu machen, lud ich ja doch nie jemanden ein.
- Von einer 1,30 Meter breiten, extrem bequemen, aber auch extrem schweren Tempur-Pedic-Matratze.
- Von einem 42-Zoll-Fernseher, der offenkundig viel zu groß für mein 9-qm-Zimmer war, mich aber als echten Filmfan ausweisen sollte.
- Von einer kompletten Heimkinoausstattung und einer Spielekonsole PS3.

- Von Pornos, die ich auf meiner Festplatte gespeichert hatte. Das fiel mir fast am schwersten.
- Von zahllosen Streifen entwickelter Fotonegative, die sich stapelten und aneinander klebten.
- Von geliebten Briefen, die ich seit Kindergartentagen aufbewahrt hatte.

Um den Trennungsschmerz zu lindern, machte ich Fotos von allen Dingen, bevor ich sie weggab. Sogar die Buchdeckel fotografierte ich. Bestimmt liegen auf meiner Festplatte 3.000 Bilder davon.

Wenn ich darüber nachdenke, besaß ich damals alles, was ich brauchte: einen großen Fernseher, eine Heimkinoausrüstung, einen Computer, ein iPhone, ein gemütliches Bett und mehr. Doch obwohl alle materiellen Bedürfnisse des Lebens abgedeckt waren, grübelte ich ständig darüber nach, was mir noch abging. Ich könnte richtig stilvoll mit einer Freundin fernsehen, wenn ich nur eine Ledercouch hätte (und während des Films könnte ich ganz nebenbei den Arm um sie legen). Eine ganze Bücherwand würde mich sicher ungeheuer belesen wirken lassen. Ich könnte Freunde zu Partys einladen, wenn ich eine tolle Dachterrasse hätte. Die Wohnungen in den Hochglanzzeitschriften hatten das alles – und ich besaß nichts davon. Wenn es erst einmal so weit wäre, würden die Menschen mich endlich wahrnehmen.

All die Dinge, die ich *nicht* hatte, standen zwischen mir und meinem Glück – so dachte ich damals.

Menschen werden aus den unterschiedlichsten Gründen zu Minimalisten. Den einen entgleitet in all dem Krempel einfach die Kontrolle über ihr Leben. Andere sind stinkreich, blieben aber immer unglücklich, egal wie viel Zeug sie anhäuften. Und wieder andere trennen sich bei jedem Umzug von einem Teil ihrer Sachen. Manche versuchen, eine Depression zu überwinden, indem sie ihre Habseligkeiten weggeben. Und manche überleben eine Naturkatastrophe und denken danach völlig um.

Ich bin ein klassisches Exemplar des ersten Typs. Mich brachte mein vollgestopfter Schweinestall dazu, Minimalist zu werden. Ich konnte einfach nichts wegwerfen, ich liebte all meinen angehäuften Krempel.

So behielt ich zum Beispiel sogar Zettel, auf denen ein Kollege notiert hatte, wenn jemand mich angerufen hatte. Allein der Gedanke, dass diese Person sich die Mühe gemacht hatte, mir diesen Zettel zu schreiben, machte es mir unmöglich, ihn wegzuschmeißen.

Als ich aus meiner heimatlichen Präfektur Kagawa nach Tokio zog, brachte ich nur das Allernotwendigste mit. Doch weil ich nichts wegwerfen konnte, häufte sich das Zeug in meiner Wohnung allmählich immer mehr an. Und für jedes Ding fand ich einen guten Grund, es zu behalten.

Früher fotografierte ich gern. Ich wollte kostbare Augenblicke einfangen und bewahren. Ich wollte alles behalten, das später einmal wohlige Erinnerungen auslösen könnte.

Die Bücher, die ich las, wurden zu einem Teil von mir, weshalb ich mich nicht von ihnen trennen konnte. Meine Lieblingsfilme und Lieblingsmusik wollte ich mit anderen teilen.

Und es gab immer Hobbys, denen ich mich widmen wollte, sobald ich die Zeit dafür fände.

Teure Dinge konnte ich gar nicht ausmisten. Das hätte ich als schlimme Verschwendung empfunden. Und nur weil ich etwas heute nicht brauchte, bedeutete das noch lange nicht, dass ich es nicht vielleicht irgendwann noch brauchen könnte. Gedanken dieser Art sorgten dafür, dass mein Haufen an Sachen immer weiter wuchs.

Heute denke ich genau anders herum. Früher war ich Maximalist, unbeirrbar hob ich alles auf und kaufte mir das coolste, größte, schwerste Zeug, das ich mir leisten konnte.

Doch irgendwann nahm der Krempel so viel Raum ein, dass er mich zu überwältigen drohte. Ich steckte all meine Energie in meine Sachen, hasste mich aber dafür, dass ich sie nicht wirklich nutzte. Doch egal wie viel ich schon besaß – ich sah allein, was ich *nicht* hatte. Ich beneidete andere Menschen um ihre coolen Sachen, obwohl ich selbst schon so viel hatte, dass es mir über den Kopf wuchs. In dieser Zwickmühle aus Selbsthass steckte ich fest.

Ich befreite mich erst dadurch, dass ich mich von Dingen trennte. Erkennen Sie sich wieder? Sind Sie mit Ihrem Leben unzufrieden, unsicher, unglücklich? Dann versuchen Sie, daheim auszumisten. Bald werden Sie eine Veränderung an sich spüren.

Wenn Menschen unglücklich sind, liegt das nicht allein an ihren Genen, ihrer Not oder einem Jobverlust. Nein, meiner Ansicht nach trägt vor allem die Last unseres Besitzes zu unserem Unglück bei.

Früher waren Japaner Minimalisten

Wir alle werden als Minimalisten geboren und früher lebten wir Japaner auch minimalistisch. Fremde, die vor der Industrialisierung zu uns kamen, waren schockiert. Heute kann man sich das kaum mehr vorstellen, doch früher bestand die gesamte Garderobe der meisten Menschen aus zwei, drei Kimonos, die sie immer frisch und sauber hielten. Die Menschen hatten kaum Gepäck, dafür aber starke Beine, sodass sie jedes gewünschte Ziel zu Fuß erreichen konnten. Häuser waren ganz einfache Gebilde, die sich schnell wieder aufbauen ließen, und die Leute neigten nicht dazu, ihr ganzes Leben an einem Ort zu verbringen. Die japanische Kultur war eine minimalistische Kultur.

Betrachten wir beispielsweise eine japanische Teezeremonie. Im Raum für die Teezeremonie befindet sich nichts Überflüssiges. Es gibt eine niedrige Eingangstür, durch die man nicht passt, wenn man die Brust selbstgefällig aufbläht. Selbst die Samurai-Krieger vergangener Zeiten durften ihre Schwerter nicht in den Raum der Teezeremonie bringen. Bis heute spielt es keine Rolle, wer du bist, ein VIP oder ein Niemand, ein Reicher oder ein Bettler – zur Teezeremonie kommen Menschen zusammen, um eine Tasse Tee zu genießen und Gedanken auszutauschen.

Minimalismus als Re-Import

Es gibt eine interessante Verbindung zwischen dem amerikanischen Apple-Konzern und der minimalistischen Kultur Japans. Viele Minimalisten haben eine Schwäche für Apple-

Produkte und Steve Jobs, den Mitbegründer des Unternehmens. Jobs versuchte bei seinen Produkten immer, alles Unnötige wegzulassen. Das iPhone hat einen einzigen Knopf und man muss keine Angst haben, sich mit Extrakabeln und Anschlüssen herumärgern zu müssen, wenn man einen Mac kauft. Apple-Produkten liegt grundsätzlich nicht mal eine Bedienungsanleitung bei.

Darin spiegelt sich meiner Ansicht nach der Umstand, dass Jobs selbst Minimalist war. Bekanntlich war er ein Anhänger des Zen-Buddhismus, der Minimalismus predigt. Steve Jobs betrachtete den Zenpriester Kobun Otogawa als seinen Meister und überlegte sich einmal ernsthaft, sich zum Studium des Zen-Buddhismus in den Eiheiji-Tempel zurückzuziehen, ein abgelegenes Kloster in den Bergen über dem Japanischen Meer.

Man weiß, dass Jobs oft laut wurde, wenn ihm etwas nicht passte; Kompromisse widerstrebten seinem Charakter. Er hasste überflüssigen Schnickschnack. Mir gefällt die Vorstellung, dass die japanische Kultur den Geist eines der weltgrößten Unternehmen geprägt hat. Bis heute ist das iPhone in Japan besonders beliebt, was bedeutet, dass wir unsere minimalistische Kultur re-importiert haben.

Die Definition eines Minimalisten

Was macht einen Minimalisten aus? Wie weit muss man beim Loslassen materieller Dinge gehen, um sich Minimalist nennen zu dürfen? Ich möchte hier gar keine exakte Definition wagen, irgendetwas würde ich bestimmt vergessen. Persönlich verstehe ich den Begriff so: Ein Minimalist ist jemand, der weiß, was für ihn wirklich essenziell ist, jemand, der sich von Besitz zugunsten der Dinge trennt, die ihm wirklich etwas bedeuten.

Es gibt keine festen Regeln für angehende Minimalisten, niemand wird etwa disqualifiziert, weil er einen Fernseher oder mehr als 100 Gegenstände besitzt. Umgekehrt wird man auch nicht einfach dadurch zum Minimalisten, dass man sich von vielen Dingen trennt. Selbst wenn Ihr ganzer Besitz in einen Koffer passen sollte, sind Sie nicht zwangsläufig ein Minimalist.

Verschiedene Menschen haben unterschiedliche Idealvorstellungen von ihrer Umgebung. Satoshi Murakami lebt wie ein Nomade und trägt sein selbstgebautes Styroporhaus mit sich herum. Keigo Sakatsume hat kein Zuhause, er lebt auf der Walz, all seine Besitztümer in einer Reisetasche verstaut.

Für mich sind Minimalisten Menschen, die unterscheiden können, ob sie etwas wirklich brauchen oder ob sie es besitzen möchten, um andere zu beeindrucken – und sich dann radikal auf das beschränken, was in die erste Kategorie fällt.

Was einem wichtig ist, ändert sich im Laufe des Lebens. Auch die Art, wie Sie sich von überflüssigen Dingen trennen, wird sich wandeln. Meiner Ansicht nach gibt es also keine Standardantwort auf die Frage, was einen Minimalisten ausmacht.

Minimalismus ist kein Ziel

Das Wegwerfen von Dingen ist kein Ziel an sich. Ich halte Minimalismus für eine Methode, um herauszufinden, was einem wirklich etwas bedeutet. Minimalismus ist nur der Prolog einer ganz persönlichen Geschichte, die man selbst schreiben muss. In diesem Buch möchte ich schildern, was ich persönlich verstanden habe, während ich mich von den meisten materiellen Besitztümern trennte.

Übrigens beschränkt sich Minimalismus nicht nur auf Gegenstände. In unserer hektischen Welt ist alles derart kompliziert, dass sich Minimalismus inzwischen auch auf weitere Gebiete ausbreitet.

Minimalismus ist der Versuch, das Nicht-Essenzielle zur Seite zu schieben, um das wirklich Wichtige besser würdigen zu können. Diese einfache Idee lässt sich auf alle Facetten des Lebens anwenden.

Wer ist der ultimative Minimalist?

Wer erfand den Minimalismus? Wer prägte den Begriff? Wer ist der ultimative Minimalist? Gedankenspiele dieser Art finde ich recht unterhaltsam, wenn auch müßig.

Steve Jobs halte ich für ein Musterexemplar eines Minimalisten. Mutter Teresa ebenfalls. Bei ihrem Tod soll sie lediglich einen abgetragenen Sari, eine Strickjacke, eine alte Tasche und ausgelatschte Sandalen besessen haben. Von Mahatma Gandhi, der Besitzlosigkeit predigte, heißt es ebenfalls, er habe kaum Besitztümer hinterlassen. Oder nehmen Sie den antiken griechischen Philosophen Diogenes von Sinope. Angeblich besaß er lediglich das Tuch, mit dem er sich kleidete, und eine Holzschüssel – bis er sah, wie ein Kind aus der Hand trank, und seine Schüssel zerbrach.

Wie Sie sehen, ist die Idee des Minimalismus schon ziemlich alt. Vielleicht war Diogenes auch der ultimative Minimalist – ein Stück Stoff lässt sich kaum mehr unterbieten –, doch so extrem müssen wir es gar nicht treiben, um die Freuden des Minimalismus erfahren zu können.

Dan-Sha-Ri und das Aufkommen des modernen Minimalismus

Um das Jahr 2010 herum begannen einige Konzepte in Japan, Furore zu machen:

1. *Dan-Sha-Ri*, die Kunst des Entrümpelns, Wegwerfens und Weggebens von Besitz
2. das »einfache Leben«
3. ein nomadischer Arbeits- und Denkstil.

Im Jahr 2010 erschien *Magic Cleaning: Wie richtiges Aufräumen Ihr Leben verändert* von Marie Kondo und wurde zum Riesenbestseller. Seitdem wächst die Zahl von Minimalisten in Japan rasant. Drei Faktoren begünstigen diesen Trend meiner bescheidenen Ansicht nach:

1. Immer mehr Menschen fühlen sich von der Flut an Daten und Gütern überwältigt.
2. Neue Produkte und Dienstleistungen ermöglichen uns, mit weniger Besitztümern auszukommen.
3. Das große Erdbeben in Japan im März 2011.

Diese drei Dinge brachten viele Menschen dazu, ihren Lebensstil zu überdenken. Schauen wir sie uns der Reihe nach an.

Übersättigung mit Informationen

Wir ertrinken in Daten und Dingen. Ob es uns gefällt oder nicht: Die Globalisierung prägt unsere Gesellschaft. Wir müssen nur auf unser Smartphone blicken, um Nachrichten aus allen Winkeln der Erde zu bekommen. Wir können alles, was wir uns nur wünschen, online kaufen, überall auf der Welt. Wir können Serien aus fremden Ländern ansehen oder Radiosendungen aus anderen Kontinenten hören.

Wenn ich mir ansehe, was meine Freunde ständig auf Twitter, Facebook und LINE posten, bekomme ich den Eindruck, sie seien alle Essayisten, Gastrokritiker oder Auslandskorrespondenten geworden. Und es beschränkt sich ja nicht auf Freunde; über soziale Medien bekomme ich Zugang zu einem endlosen Strom von Inhalten, die Menschen in aller Welt posten. Einer Erhebung von 2014 zufolge[1] werden *jede Minute* 306 Stunden neue Videos auf YouTube hochgeladen, 433.000 Tweets abgelassen und 50.000 Apps aus dem Apple-Store heruntergeladen.

Die Menge an jederzeit verfügbaren Informationen wächst mit verblüffender Geschwindigkeit. Irgendwo hörte ich, heute werde ein Japaner im Laufe eines Tages mit so vielen Informationen bombardiert wie seine Vorfahren in der Edo-Zeit (17. bis 19. Jahrhundert) in einem ganzen Jahr oder einem ganzen Leben.

1 »In an Internet Minute – 2013 vs. 2014«, Tech Spartan, angesehen am 7. Oktober 2016, http://www.techspartan.co.uk/features/internet-minute-2013-vs-2014-infographic/.

Menschen verfügen über eine 50.000 Jahre alte Hardware

Ich hörte auch, wir Menschen seien wie eine Hardware, die seit 50.000 Jahren nicht mehr verändert wurde. Bedenken Sie nur, wie viel sich allein in den vier Jahrhunderten seit Beginn der Edo-Zeit verändert hat – und wir müssen all das mit einem 50.000 Jahre alten Gehirn verarbeiten!

Es kann ja keine Firma wie Apple verkünden: »Wir haben uns das Design des Menschen angesehen und völlig umgekrempelt. Unsere neuen Gehirne arbeiten 30 Prozent schneller als die alte Version, die Speicherkapazität wurde verdoppelt. Die Körpergröße haben wir um drei Zentimeter gesteigert, das Gewicht um zwei Kilo gesenkt. Meine Damen und Herren, der Augenblick, auf den Sie alle gewartet haben: Hier ist der iHuman2!«

Doch ohne ein solches Upgrade kommt unsere alte Hardware einfach nicht mit all den Informationen und Dingen klar. Unser kleiner Speicher ist mit unnützen Informationen vollgemüllt, unser wunderbarer Verstand grübelt hauptsächlich darüber nach, wie andere Menschen uns wahrnehmen, wie wir an neue Dinge kommen und was wir dann damit machen. Wir zerstreuen unseren Geist mit den vielfältigen Unterhaltungsmöglichkeiten um uns herum. Aber selbst die überwältigen uns, sodass wir uns den allerdümmsten Ablenkungen zuwenden: Handyspielen, Tratsch und Alkohol. Sie können mir das glauben – ich kenne es aus eigener Erfahrung.

Wie ein alter Computer, der hängen geblieben war

Früher war ich wie ein alter, überforderter PC, auf meinem Monitor sah der genervte User ständig nur eine Sanduhr. Ich ertrank in Informationen und war vom Alltag allein schon so überlastet, dass mein System ständig abzustürzen drohte. Kein Wunder, dass ich damals nur stupide Arbeiten schaffte.

Es heißt, der Mensch denke im Laufe eines Tages etwa 60.000 Gedanken. 95 Prozent dieser Gedanken seien Wiederholungen vom Vortag und 80 Prozent dieser Gedanken seien negativ.

In meinen Tagen als Maximalist machte ich mir ständig Sorgen um meine Zukunft und darüber, wie andere mich wahrnahmen. Praktisch alle meine Gedanken waren negativ.

Wie soll so ein langsamer Computer vernünftig arbeiten? Da sich unsere 50.000 Jahre alte Hardware nicht ändert, müssen wir unnötige Belastungen vermeiden. Anstatt also immer mehr draufzupacken, bis die Festplatte voll und der Prozessor überhitzt ist, sollten wir meiner Ansicht nach lieber darüber nachdenken, was wir weglassen und straffen können, damit die wirklich wichtigen Dinge wieder richtig zur Geltung kommen.

Mit dem Smartphone können wir alles

Mein zweiter wichtiger Punkt lautet: Dank des technischen Fortschritts ist es heute gar nicht mehr nötig, viele Dinge zu besitzen.

Seit es Smartphones gibt, tragen wir automatisch immer Telefon, Fotoapparat, Fernseher, Musik-Player, Spielekonsole, Uhr,

Kalender, Taschenlampe, Straßenkarte und sogar Notizbuch mit uns herum – alles in einem kleinen Gerät. Sogar Kompass, Eisenbahn-Kursbuch, Enzyklopädie, Versandkatalog, Scheckbuch und Flugticket passen noch in das kleine Ding.

2007 kam das erste iPhone auf den Markt und ermöglichte vielen Menschen, so minimalistisch zu leben, wie sie es tun. Selbst die radikalsten Minimalisten trennen sich als allerletztes von ihrem Smartphone (wenn überhaupt), einfach weil es so unglaublich viele Funktionen erfüllt.

Die Technik hilft beim Minimieren

Wie bereits erwähnt, interessiere ich mich sehr für Fotografie. Früher hatte ich immer eine Kleinbildkamera dabei; Negative und Abzüge nahmen daheim erheblichen Raum ein. Beim Ausmisten erwies mir mein Scanner dann unschätzbare Dienste. Ich scannte all meine Negative und Abzüge ein – und warf sie dann weg. Auch Briefe, Karten und Artikel, die ich in den letzten drei Jahrzehnten gesammelt hatte und unmöglich wegwerfen konnte, scannte ich ein. Danach konnte ich auch sie entsorgen. Mein ScanSnap-Scanner ermöglichte mir, mich von einem Riesenstapel an Unterlagen und Bildern zu trennen – und jetzt finde ich sie bei Bedarf ganz schnell in meinem Computer.

Inzwischen spielen wahrscheinlich sehr viele Menschen ihre Musik nur noch über Smartphone oder iPod ab. Mit meinem MacBook Air kann ich Filme gucken, Musik anhören und Bücher lesen. Ich habe zwar keinen Fernseher mehr, kann aber die Webseiten der Sender besuchen und mir dort archivierte Sendungen herunterladen. Dank meines Gmail-Kontos gelange ich von überall an meine Mails, wichtige Daten speichere ich in der Cloud, etwa bei Dropbox. Neue wifi- oder bluetoothfähige Peripheriegeräte haben Kabel überflüssig gemacht, Besprechungen lassen sich prima per Skype abhalten. Wir leben in einer wunderbaren Welt, in der man zum Arbeiten kein Büro mehr braucht.

Eine Kultur des Teilens weitet sich aus

Dank der modernen Technik lassen sich auch Dienstleistungen minimalisieren: Ich lebe in Tokio, einer Stadt mit grässlichen Staus, aber sehr verlässlichem öffentlichem Verkehrssystem. Man braucht also kein eigenes Auto; Carsharing reicht mir vollauf. Überdies spare ich damit Geld: Ich bezahle keine Kraftfahrzeugsteuer und habe keine Wartungskosten. Und die Umwelt schone ich auch noch. Dieser Trend wird sich in Zukunft ganz bestimmt massiv verstärken, auch jenseits der großen Städte.

Selbst ihren Wohnraum teilen immer mehr Menschen: Dienste wie Couchsurfing und Airbnb erlauben uns, Häuser und Wohnungen an Reisende aus aller Welt zu vermieten. Das Internet ermöglicht uns, unsere brachliegenden Ressourcen mit anderen Menschen, die sie gerade benötigen, zu teilen – und im Gegenzug bekommen wir etwas dafür zurück.

Besitztümer sind gefährlich

Seit dem verheerenden Erdbeben im Jahr 2011 betrachten viele Japaner ihren Besitz mit anderen Augen.

Die Künstlerin Mai Yururi landete mit ihren gezeichneten Essays *Watashi no uchi niwa nanimo nai* (In meinem Haus gibt es nichts) in Japan einen Riesenhit. Wie viele andere Leute war auch ich schockiert, als ich die ersten Bilder ihres kahlen Zuhauses sah. Yururi bekam den Spitznamen *Sute-hentai* (Die Spinnerin, die alles wegwirft). Eine Szene in ihrem Buch beeindruckte mich nachhaltig: All die Dinge, die sie und ihre Familie so liebten und pflegten, flogen während des Erdbebens herum und wurden zu tödlichen Waffen. Dann spülte der Tsunami all ihre Habseligkeiten davon. Zur Beruhigung hieß es hinterher, gewaltige Erdbeben wie dieses kämen nur einmal alle 1.000 Jahre vor. Doch stellen Sie sich unsere Geschichte seit Beginn unserer Zeitrechnung wie eine Reihe aufeinanderfolgender Leben von 20 Damen vor, die jeweils 100 Jahre alt wurden. Zwei dieser Frauen könnten sich rechnerisch an ein solches Erdbeben erinnern. Ist das jetzt viel oder wenig?

Angesichts der stetig wachsenden Überfrachtung mit Informationen, des rasanten technologischen Fortschritts und der zunehmenden Häufigkeit tödlicher Naturkatastrophen scheint es mir nur zu logisch, dass sich immer mehr Menschen dem Minimalismus zuwenden – einer Idee, die nicht aus einer Laune heraus entstand, sondern aus dem tiefen Bedürfnis, die eigene Existenz zu überdenken.

2

Warum häufen wir überhaupt so viel Zeug an?

Ich hatte alles, was ich wollte …

Früher bemerkte ich gar nicht, dass ich längst alles besaß, was ich zu einem angenehmen Leben brauchte. Immer wollte ich noch mehr, nie war ich zufrieden. Manchmal schien mir der Kontrast zwischen meinem tatsächlichen Leben und meinem Idealbild davon derartig gewaltig, dass ich mich für den letzten Versager hielt. Dieser Gedanke machte mich natürlich noch unglücklicher.

Seufzend sah mich dann in meiner Wohnung um. Ich hatte weder eine hübsche Ledercouch – dafür wäre das Wohnzimmer ohnehin zu klein gewesen – noch eine große Terrasse zum Grillen. Auch der Blick aus dem Fenster eröffnete mir keinen weiten Panoramablick über die Stadt. Ich glaubte, nichts von dem zu besitzen, wovon ich träumte.

Dabei besaß ich im Gegenteil längst alles, was ich je wollte. Lassen Sie mich das erklären.

Nehmen Sie nur unsere Jobs. Wir alle arbeiten für Unternehmen, denen wir irgendwann einmal angehören wollten. Wir bewarben uns und wurden eingestellt. Vielleicht war das Unternehmen nicht unsere erste Wahl, vielleicht hätten wir sogar lieber in einer anderen Branche gearbeitet, doch wir brauchten Arbeit. Weil aber jetzt ständig das Gefühl an uns nagt, wir hätten unsere Träume verkauft, jammern wir pausenlos über unsere Chefs oder unsere Arbeit. Wir fragen uns unablässig, ob es woanders nicht besser wäre.

Doch bitte vergessen Sie nie, dass Sie einmal ganz scharf darauf waren, Ihren aktuellen Job zu bekommen. Vielleicht entspricht das Arbeitsklima nicht Ihren Erwartungen, vielleicht ist Ihr Job wirklich grässlich oder – schlimmer noch – die ganze Führungsetage ist korrupt. Doch irgendwann schickten Sie genau diesem Unternehmen Ihre Bewerbung und erschienen pünktlich zum Vorstellungsgespräch, ganz freiwillig, nicht, weil Sie jemand gezwungen hätte. Ihr Wunsch, in diesem Unternehmen zu arbeiten, ging in Erfüllung. Damals, als Sie die Zusage bekamen, müssen Sie glücklich gewesen sein, auch wenn das Glück nicht anhielt.

Das Gleiche lässt sich über unsere Behausungen sagen. Ich lebte zehn Jahre lang in meiner alten Wohnung. Sie war ein echtes Schnäppchen, das ich nach langer, langer Suche fand, und ich erinnere mich noch gut daran, wie glücklich ich beim Einzug war. Seit Langem hatte ich mich danach gesehnt, in diesem Viertel zu leben; ich freute mich auf mein neues Leben, das hier anfangen würde. Im Laufe der Zeit kam mir die Wohnung dann immer winziger und schäbiger vor, ich wurde immer unzufriedener. Warum war ich so unglücklich, obwohl doch mein Wunsch, hier zu leben, in Erfüllung gegangen war?

Die gleiche Dynamik läuft bei all unseren Besitztümern ab. Nehmen wir zum Beispiel meine Garderobe. Ich hatte ganz oft das Gefühl, ich besäße keine anständige Kleidung. Dann ging ich am nächsten freien Tag einkaufen und kam erschöpft, aber glücklich mit schicken Klamotten zurück (auch wenn meine Kreditkarte dafür leiden musste). Dann veranstaltete ich vor dem Spiegel eine Modenschau. Am nächsten Tag führte ich glücklich und stolz mein neues Outfit aus. Jenen Tag muss es bei all meinen Klamotten einmal gegeben haben. Warum seufze ich dann beim Blick in meinen Kleiderschrank gelangweilt? Wenn Sie die Welt auf diese Weise betrachten, wird Ihnen aufgehen, wie viele Ihrer Wünsche sich erfüllt haben. Warum sind wir dann unzufrieden? Warum sind wir unglücklich?

Wir gewöhnen uns an Dinge

Die Antwort auf diese Frage kennen wir alle: Wir gewöhnen uns irgendwann an jeden neuen, noch so erfüllten Zustand. Irgendwann beginnen wir, unsere Habseligkeiten als selbstverständlich hinzunehmen, und später werden wir ihrer sogar überdrüssig.

Wahrscheinlich fühlt sich jede Frau großartig, wenn sie ein brandneues Kleid zum ersten Mal anzieht. Beim fünften Tragen ist der Kick längst nicht mehr der gleiche und nach dem zehnten Tragen ist das Kleid nicht mehr aufregend neu, sondern ein gewohnter Anblick im Kleiderschrank. Und beim 50. Tragen hat die Frau das Kleid vielleicht gründlich satt. Die Freude über Neuerwerbungen nutzt sich im Laufe der Zeit ab, bis nur noch Gleichgültigkeit bleibt.

So verhält es sich in unserem Leben mit allem: Egal wie sehr wir uns etwas einmal gewünscht haben mögen – im Laufe der Zeit wird es zum Teil unseres Alltags und schließlich zu einem alten, müden Ding, das uns nur noch langweilt. Und obwohl unser Wunsch erfüllt wurde, sind wir letztlich unglücklich. Anders ausgedrückt: Wir könnten glücklich bleiben, wenn sich die Freude bewahren ließe, die wir bei der Erfüllung des Wunsches verspürten. Wenn wir zufrieden mit dem sein könnten, was wir haben, müssten wir nicht dauernd neues Zeug kaufen. Doch warum werden Dinge, die uns vertraut sind, unweigerlich langweilig?

Woher kommt diese Sucht nach Neuem?

Die Verdrahtung unseres Gehirns ist schuld daran, dass vertraute Dinge uns langweilen. Nur Veränderungen versetzen unsere neuronalen Netzwerke in Aktion. Stellen Sie sich beispielsweise einen Herbsttag am Meer vor. Die Badesaison ist längst vorbei, aber plötzlich packt Sie der Impuls, mit bloßen Füßen ins Wasser zu springen. Es ist kalt, sodass Sie aufschreien – Ihr neuronales Netzwerk hat den Temperaturunterschied zwischen Sand und Wasser registriert. Doch nach einer gewissen Zeit gewöhnen Sie sich vielleicht an die Temperaturen und sagen sich: »Ist ja gar nicht so schlimm.«

Oder stellen Sie sich jemanden vor, der beim Fernsehen auf der Couch eingeschlafen ist. Erst wenn man den Fernseher ausschaltet, wacht er auf und beschwert sich: »Hey, ich gucke das gerade!« Obwohl es natürlich ruhiger ist, wenn die Flimmerkiste nicht läuft, gewöhnte sich der Schläfer derart an den flackernden Bildschirm und den konstanten Krach, dass er einschlief – und sogar aufwachte, als es still wurde.

Veränderungen lösen in unserem Gehirn Reize aus. Deswegen schwindet unser Glücksgefühl, wenn wir etwas schon länger besitzen. Früher sehnten wir uns nach diesem Gegenstand, doch sobald wir ihn haben, registriert unser Gehirn, dass sich nichts mehr ändert, die Gewöhnung setzt ein. Der Reiz lässt nach, wir nehmen den Gegenstand als selbstverständlichen Teil unseres Lebens hin. Ohne Veränderung, ohne einen neuen Stimulus beginnen wir rasch, uns zu langweilen.

Dieser außerordentlich starke Effekt kann einem das schönste Leben verderben. Er sorgt dafür, dass wir Kleidung, die wir im Geschäft sahen und heftig begehrten, später grässlich finden.

Dann beschweren wir uns, wir hätten nichts zum Anziehen. Dieser Effekt ist dafür verantwortlich, dass wir vergessen, wie viel Freude wir früher an unserem Job hatten. Auch nach einer Gesichtsstraffung gewöhnt man sich bald an sein neues Aussehen, man wird wieder unzufrieden und entschließt sich zu einer weiteren Schönheitsoperation. Kinder strahlen über das ganze Gesicht, wenn man ihnen einen Plastikring oder ein Modellauto schenkt, und zwei Wochen später liegen die Sachen unbeachtet irgendwo in der Ecke. Bei Erwachsenen muss der Ring dann schon 500 Euro kosten, später vielleicht sogar 3.000 Euro oder es muss das Einzelstück eines Künstlers sein. Statt des Modellautos wünschen wir uns später im Leben einen Kleinwagen, dann ein Luxusauto, dann eine ganze Garage voller Nobelkutschen. Wundern Sie sich gelegentlich über reiche Leute, die schon so viel haben und trotzdem ständig neues Zeug kaufen? Ihnen geht es wie uns: Ihr alter Krempel langweilt sie schlicht und sei er in unseren Augen auch noch so edel.

Warum Keisuke Honda nach Niederlagen untröstlich ist

Eine Besonderheit dieses Phänomens sei noch erwähnt: Gemeinerweise tritt der Gewöhnungseffekt allein beim Eigentümer auf. Der 500-Euro-Ring und der Kleinwagen bleiben in den Augen Außenstehender weiterhin begehrenswert, nur ihr Besitzer mag sie nicht mehr sehen. Das liegt daran, dass die Außenstehenden nie Gelegenheit bekamen, sich an die Dinge zu gewöhnen.

Nehmen Sie als Beispiel den berühmten japanischen Fußballer Keisuke Honda. Nach der Achtelfinalniederlage bei der

WM 2010 saß er untröstlich in der Kabine. Ich hätte mich zu ihm setzen, ihm den Arm um die Schulter legen und sagen können: »Na gut, ihr habt das Spiel verloren, aber was soll's? Reiß dich zusammen! Du verdienst Millionen und fährst in einem coolen Ferrari herum. Du könntest dich heute zur Ruhe setzen, um die Welt reisen und danach bestimmt einen tollen Job als Trainer bekommen. Du musst dir echt keine Sorgen um deine Zukunft machen. Schau dir im Vergleich mich an. Also hör auf zu flennen.«

Doch diese Ansprache hätte ihn bestimmt nicht aufgeheitert. Nur Reiz-Niveaus in einem selbst lassen sich vergleichen, nicht die Reiz-Niveaus verschiedener Menschen. Honda wäre in jenem Moment nur dann glücklich gewesen, wenn seine Mannschaft das Spiel gewonnen hätte.

Die Freude über einen Sieg hält nur drei Stunden an

Man weiß, dass sich Menschen schrecklich schnell an neue Reize gewöhnen. André Agassi, die ehemalige Nummer eins der Tennis-Weltrangliste, erklärte 1992 nach dem Turnier in Wimbledon in einem Interview, er habe etwas gelernt, dessen sich nur die wenigsten Menschen bewusst seien: Die Freude über einen Sieg hielte bei Weitem nicht so lange an wie die Trauer nach einer Niederlage. Das Glücksgefühl nach einem verwandelten Matchball verflöge schnell, während man mitunter an schlimmen Niederlagen ewig knabbere.

Tal Ben-Shahar, dessen Kurse über positive Psychologie in Harvard zu den beliebtesten in der Geschichte der Universität gehören, gewann schon im Alter von 16 Jahren die israelischen

Squash-Meisterschaften. Fünf Jahre lang hatte er sechs Stunden täglich trainiert, jetzt hatte sich all das ausgezahlt. Doch schon als er von der Siegerehrung nach Hause kam, bemerkte er, dass die Freude verflogen war und sich sein Kopf leer anfühlte. Sein Glück hatte ganze drei Stunden gedauert.

Nur eine Handvoll Menschen erlebt jemals derart große Erfolge und die damit verbundenen überwältigenden Glücksgefühle. Doch selbst diese Menschen gewöhnen sich schnell an ihr Glück.

Auch Bill Gates kann nicht sechs Mal am Tag essen

Traurig, aber wahr: Egal ob man sich einen Ring für 100, 500 oder 3.000 Euro kauft – das gefühlte Glück ist jedes Mal gleich groß. Der 500-Euro-Ring macht uns nicht fünf Mal so glücklich wie der billigere Ring. Wir lächeln nicht fünf Mal so breit und sind auch nicht fünf Mal so lange glücklich. Für den Preis von Luxusgegenständen gibt es keine Obergrenze, wohl aber für unsere Euphorie.

Würde der 500-Euro-Ring uns fünf Mal glücklicher machen als der 100-Euro-Ring, dann würde der Weg zum Glück über Geld und Besitz führen. Doch egal wie reich Sie werden und wie viele Dinge Sie anhäufen – Ihr Besitz wird sie kaum glücklicher machen als heute schon. Es gibt einfach Grenzen für die Freude an neuen Dingen.

Darüber hinaus gibt es auch physische Grenzen: Selbst wenn Sie so reich würden wie Bill Gates, wüchse Ihr Magen dadurch nicht. Auch Bill Gates kann keine sechs Schlemmermenüs am Tag vertilgen (und selbst wenn er es könnte, würden sie ihn nicht glücklicher machen als drei Mahlzeiten täglich). Reiche bekommen auch keinen Bonus, sodass ihr Tag 25 statt 24 Stunden lang ist.

Die Funktionen einer 20.000-Euro-Uhr von Apple

Das Gleiche gilt für die Funktion von Dingen. So fährt ein 100.000-Euro-Sportwagen natürlich nicht zehn Mal schneller als ein 10.000-Euro-Auto und aufgrund von Tempolimits dürfte er das sowieso nicht. Bei einer Apple-Uhr für 20.000 Euro hält der Akku nicht 50 Mal so lang wie bei einer Apple-Uhr für 400 Euro und auch die Prozessorgeschwindigkeit liegt nicht 50 Mal höher.

Wüchse der praktische Nutzen von Dingen proportional zu ihrem Preis, könnten Geld und Besitz uns sehr glücklich machen! Doch ein doppelt so teures Auto bringt uns nicht in der halben Zeit ans Ziel und eine doppelt so teure Daunenjacke hält nicht doppelt so warm. Mist!

Menschen können ihre zukünftigen Gefühle nicht vorhersehen

Hier ein weiteres Rätsel, über das ich oft nachdenke: Wir wissen doch schon beim Kauf einer Sache, dass wir ihrer irgendwann einmal wieder überdrüssig werden. Warum kapieren wir dann nicht, dass es überhaupt nichts bringt, Neues zu kaufen? Warum shoppen wir trotzdem fröhlich weiter? Warum häufen wir immer mehr Zeug an?

Meiner Ansicht nach deswegen, weil wir die Gegenwart dazu heranziehen, um unsere zukünftigen Gefühle abzuschätzen. Wir mögen die einzige Spezies mit der Fähigkeit sein, sich ihre Zukunft auszumalen – doch mit unseren Prognosen verhauen wir uns katastrophal.

Sind Sie je hungrig in den Supermarkt gegangen, nur um dann viel zu viele Lebensmittel einzukaufen? Haben Sie jemals im Restaurant zu viel bestellt, weil Sie einen Riesenhunger hatten? In beiden Fällen sorgte Ihr knurrender Magen dafür, dass Sie Ihren zukünftigen Hunger überschätzten. Wir Menschen können nicht einmal korrekt voraussehen, wie hungrig wir in 30 Minuten sein werden.

Die meisten Menschen hatten vermutlich irgendwann einmal einen grässlichen Kater und schworen sich dann, nie wieder so viel zu trinken. Doch sobald die Erinnerung an die üblen Kopfschmerzen verblasst ist, wirkt der Alkohol gleich wieder verlockender.

An einem schwülen, stickigen Tag kann man sich kaum vorstellen, wie gemütlich es ist, an einem Winterabend vor einem Kaminfeuer zu sitzen. Umgekehrt leuchtet uns in einer klirrend kalten Januarnacht nicht ein, was an einer Klimaanlage toll sein soll. Daniel Gilbert nennt in seinem Buch *Ins Glück stolpern* ein weiteres Beispiel: Jugendliche lassen sich Deathlok-Tattoos stechen, weil sie glauben, die würden immer cool bleiben. Obwohl wir alle Erfahrungen dieser Art gemacht haben (wenn auch nicht unbedingt mit Deathlok-Tätowierungen), lassen wir nicht davon ab, unsere aktuellen Gefühle auf die Zukunft zu projizieren.

Das Glück, eine Jacke zum zehnten Mal zu tragen

Was bedeutet das für unsere Habseligkeiten? Betrachten wir noch einmal unser Garderoben-Beispiel. Wir gehen shoppen, finden endlich eine tolle Jacke und freuen uns so, dass uns nicht einmal der Preis stört. Sie ist rundherum fantastisch, vor allem im Vergleich zu dem speckigen Ding, das wir gerade tragen. Wir bezahlen, ziehen sie daheim vor dem Spiegel an und fühlen uns ebenso glücklich wie vorhin im Geschäft.

Leider können wir uns sehr gut vorstellen, wie wir uns fühlen werden, wenn wir die Jacke zum ersten Mal anziehen, aber praktisch gar nicht, wie es uns beim zehnten Mal gehen wird oder wenn wir die Jacke schon ein Jahr lang tragen.

Es fällt uns unglaublich schwer vorherzusehen, wie unser Glück dahinschmilzt – von der anfänglichen Freude über Vertrautheit bis zur Langeweile. Beim Kauf der Jacke scheinen wir irgendwie zu glauben, das Glück würde ewig währen.

Fassen wir zusammen: Wir besitzen lauter Dinge, die wir irgendwann einmal begehrt haben. Doch egal wie sehr wir uns nach ihnen gesehnt haben – nach dem Erwerb gewöhnen wir uns an sie und verlieren das Interesse. Und dann sehnen wir uns nach etwas Neuem, Aufregenderem, Teurerem. Bei der endlosen Suche nach dem nächsten Kick häufen wir immer mehr Besitz an.

Auch wenn Ihre Nachbarn vielleicht finden, Sie hätten doch alles: Allein Ihre Wahrnehmung zählt, nur Sie wissen, was Ihnen den nächsten Kick verschafft. Natürlich tut es für die meisten Menschen ein Kleinwagen für 10.000 Euro vollauf, doch der Eigentümer des Kleinwagens wird sich bald nach dem Kauf unzufrieden fühlen.

Selbst wenn Sie emsig shoppen gehen, um sich ständig neue Reize zu verschaffen – glücklich macht Sie das nicht. Denn das menschliche Glücksniveau hat natürliche Grenzen, und ein unverschämt teurer Gegenstand macht Sie nicht unverschämt glücklich. Ein 500-Euro-Ring macht nicht fünf Mal so glücklich wie ein 100-Euro-Ring.

Der Preis eines Gegenstands bestimmt nicht, wie sehr Sie sich an ihm erfreuen werden, und selbst sein Nutzwert hängt nicht vom Preis ab. Eine doppelt so teure Daunenjacke hält nicht doppelt so warm. Und so bleiben Sie immer unzufrieden und suchen nach anderem. Sie wissen, dass Sie auch Ihrer nächsten Erwerbung überdrüssig werden, und trotzdem glauben Sie, diesmal würde Ihr Glück anhalten.

So drehen Sie sich ewig im Kreis und sammeln immer mehr Besitz an. Tief im Inneren wissen Sie, dass Sie nie zufrieden sein werden, doch Sie hoffen weiter, beim nächsten Mal könnte dieses kurze Glücksgefühl dauerhaft anhalten. Dies ist die Logik des Unglücklichseins und Sie können ihr nie entkommen, egal wie viel Sie ausgeben, egal wie viel Sie besitzen.

Von der prähistorischen Funktion zum modernen Wert

Es gibt einen weiteren, tiefergehenden Grund, warum wir so viel Eigentum anhäufen. Vor langer Zeit benutzten Menschen Werkzeuge aus Stein. Aus heutiger Sicht wirken sie primitiv, doch irgendwann einmal waren sie brillante und überaus praktische Neuerungen. Steinwerkzeuge sparten Zeit und Kraft. Ein Mensch mag einen ganzen Tag dafür gebraucht haben, ein Steinwerkzeug herzustellen, doch hinterher brauchte man viel weniger Zeit und Energie, um Nahrung zu suchen und zuzubereiten. Und waren die Werkzeuge erst einmal gefertigt, erforderten sie keine weitere Wartung. Kein Wunder, dass der Mensch nicht mehr auf sie verzichten wollte.

Auch Tongefäße entstanden aus rein praktischen Beweggründen. Als es noch keine modernen Annehmlichkeiten wie Supermärkte gab, die uns heute so selbstverständlich sind, wussten die Menschen nie, wann es wieder Nahrung geben würde. Naturkatastrophen waren sie schutzlos ausgeliefert, aber selbst im Alltag herrschte enorme Unsicherheit. Also beschlossen die Menschen, Nahrungsmittel aufzubewahren. Dafür brauchten sie Tongefäße.

Bei immer mehr Gegenständen, die wir heute besitzen, spielt der praktische Nutzen kaum noch eine Rolle. Allein die Pflege dieser Gegenstände kostet uns eine Menge Zeit und Geld. Darin unterscheiden sie sich von den Faustkeilen der Steinzeit, die ihren Nutzern treu dienten. Unser Besitz hat sich gegen uns erhoben, er beherrscht uns und wir merken es nicht einmal.

Warum besitzen wir so viel Zeug, das wir nicht brauchen? Welchem Zweck dient es? Für mich liegt die Antwort auf der Hand: Wir versuchen verzweifelt, unsere Umgebung zu beeindrucken. Über Dinge versuchen wir, anderen Menschen zu zeigen, wie wertvoll wir sind.

In uns allen läuft eine App, die Einsamkeit erkennt

Betrachten wir das Ganze noch einmal von Anfang an. Die Evolution hat uns zu sozialen Wesen gemacht. Wir sind nicht so kräftig wie andere Tiere, wir haben weder scharfe Krallen noch fiese Zähne. Wahrscheinlich hat nie ein Mensch im Alleingang ein Mammut erlegt. Zum Überleben brauchten wir die Herde.

Dieser Herdentrieb steckt bis heute tief in uns. In uns allen läuft eine App, die Einsamkeit erkennt. Sie sorgt dafür, dass wir uns traurig fühlen, wenn wir von unserer Herde getrennt sind. Diese App ermahnt uns, sich wieder der Menge anzuschließen. Leider können wir diese App nicht deinstallieren, sie ist werksseitig eingebaut und lässt sich nicht abstellen.

Die Einsamkeit von Katzen und Hunden

Wer hätte nicht schon über die Unterschiede zwischen Katzen und Hunden sinniert? Katzen stören sich nicht daran, den ganzen Tag allein gelassen zu werden. Hunde hingegen leiden darunter, fangen zu kläffen an oder tigern unablässig vor der Wohnungstür herum. Lässt man Hunde zu lange allein, können sie sogar depressiv werden.

Leider ähneln wir eher Hunden als Katzen. Wir sehnen uns nach dem Rudel und nach Gesellschaft.

Als soziale Wesen brauchen wir das Gefühl, unserer Herde nützlich zu sein. Ohne Bestätigung, ohne Anerkennung durch andere, ohne das Gefühl, unsere Existenz sei zu etwas gut, können wir nicht leben. Wer sein Leben für nutzlos hält, neigt zu Depressionen oder gar Suizid. Es heißt, in Japan litten eine Million Menschen an Depressionen, pro Jahr begehen mehr als 25.000 Menschen Selbstmord. Vergleicht man das mit den Opferzahlen des großen Erdbebens (20.000 Tote), einem Jahrtausendereignis, müssen wir uns fragen, warum sich Jahr für Jahr fast unbemerkt eine größere Katastrophe wiederholt.

Aus dieser schrecklichen Zahl lese ich, wie groß das Bedürfnis des Menschen nach Selbstbestätigung ist. Meiner Ansicht nach folgt es unmittelbar auf körperliche Grundbedürfnisse wie denen nach Nahrung und Schlaf. Das Bedürfnis nach Selbstbestätigung bestimmt unser Verhalten: Wer an seinem Selbstwert zweifelt, kann in unserer Welt nicht überleben. Wir brauchen ein gewisses Maß an Selbstwertgefühl und Eigenliebe, um überleben zu können.

Jetzt mögen einige einwenden: »Der Wert eines Menschen muss doch aus ihm selbst heraus kommen.« Dem stimme ich bis zu einem gewissen Grad auch zu. Doch wenn wir völlig isoliert sind und nie Kontakt zu anderen aufnehmen, haben wir keinerlei Chance, unser Selbstwertgefühl zu stärken. Noch der einsamste Wolf sehnt sich in gewissem Maß danach, dass ein anderer – irgendjemand – ihn wahrnimmt. Wie Hunde ertragen wir Einsamkeit einfach nicht. Solange wir unseren Wert nicht am Blick eines anderen ablesen, können wir ihn unmöglich ermessen.

Unser Selbstwertgefühl bestimmt unser Verhalten

Auch wenn Sie das für übertrieben halten mögen: Ich glaube, unsere Gier nach Selbstbestätigung treibt fast jede unserer Handlungen an.

Wir mögen es, wenn jemandem »gefällt«, was wir in sozialen Medien posten. Wir sind glücklich, wenn jemand uns folgt – jemand erkennt unseren Wert.

Wir schweben auf Wolke sieben, wenn jemand unsere Liebe erwidert. Es fühlt sich fantastisch an, wenn der geliebte

Mensch – der Mensch, der uns am teuersten ist – uns anerkennt. Und wir sind entsetzt, wenn er sich in einen anderen verliebt. Wir möchten unserem untreuen Partner zurufen: »Du bist ein schrecklicher Mensch! Wie kannst du nur jemand anderen besser finden als mich? Ich hoffe, das war es *wert*!«

Oder Sie sind reich und möchten, dass Ihre Umgebung das auch mitbekommt. Sie heuern einen Fahrer an und lassen sich von ihm die Autotür öffnen. Dann dürfen Sie sich wichtig fühlen mit Ihrer Sonnenbrille, Ihrem Goldschmuck und der Traube von Angestellten, die Ihnen ergeben folgt. »Weg da, ich bin wichtig!«

Ähnlich läuft die Sache, wenn wir unserem Gegenüber sagen, wir fühlten uns nutzlos. Wir warten nur auf die Antwort: »Aber nicht doch! Du bist ein Schatz!« Bei anderen Gelegenheiten machen wir andere herunter, um selbst besser dazustehen.

Ich gebe zu, dass ich nicht zuletzt aus diesem Grund dieses Buch geschrieben habe. Ich wollte mir beweisen, dass meine Existenz einen Wert hat.

Als soziale Wesen brauchen wir das Gefühl, nützlich zu sein. Ohne eine gesunde Dosis Eigenliebe sind wir wie gelähmt. Es schadet also gar nichts, sich für wertvoll zu halten – es ist ganz im Gegenteil unerlässlich. Das Problem liegt darin, *wie* wir versuchen, andere von unserem Wert zu überzeugen.

Wie wir anderen unseren Wert vermitteln

Menschen haben unterschiedliche Qualitäten, offenkundige und versteckte. Manche Menschen sind schlank, gutaussehend, groß, muskulös oder einfach schön, vielleicht sind sie modisch gekleidet oder mit einer fantastischen Figur gesegnet. Äußerlichkeiten fallen sofort auf und werden registriert. Doch so sehr wir uns auch Mühe geben, unsere Fassade aufzuhübschen, stößt das irgendwann an seine Grenzen. So wird aus mir nie ein Model.

Natürlich gibt es auch innere Werte; Menschen können freundlich, großzügig, lustig, tüchtig, aufrichtig, fröhlich, gewissenhaft, klug, rücksichtsvoll oder mutig sein. Vorzüge dieser Art stechen nur leider nicht ins Auge. Wer weiß schon, ob ein freundlicher Mensch auch verlässlich ist? Oder ob jemand, der klug und interessant wirkt, nicht ein grässlicher Egoist ist? Den wahren Wert anderer Menschen findet man erst heraus, wenn man viel Zeit mit ihnen verbracht hat.

Und da kommt unser Hab und Gut ins Spiel: Über Gegenstände versuchen wir, unseren Charakter und unsere Vorzüge herauszustreichen. Kleidung bietet da ein schönes Beispiel. Ein glamouröses Outfit betont unsere Individualität, während zurückhaltendere Kleidung vielleicht auf eine ruhige und angepasste Persönlichkeit hinweist. Ein topmodischer Stil unterstreicht unser Modebewusstsein, legere Kleidung suggeriert dagegen Aufrichtigkeit und Freundlichkeit. Wer sich schlampig kleidet, zeigt damit, dass ihm Äußerlichkeiten nicht wichtig sind. Edle Möbel, eine wertvolle Sammlung alter Stücke, die Poster an den Wänden, die Pflanzen in unserem Garten – all diese Dinge sollen unsere Persönlichkeit ausdrücken.

Ich liebe Apple-Produkte und finde sie unheimlich nützlich. Und ich kaufe sie mir am Tag der Markteinführung, um vor meinen Freunden damit anzugeben. Ich komme mir cool vor, wenn ich bei Starbucks ganz lässig mein MacBook Air aufklappe. So bin ich nun einmal. Ich will meinen guten Stil beweisen, indem ich edel designte und konsequent nutzerfreundliche

Apple-Produkte kaufe. Ich halte diesen Wunsch für ganz natürlich und im Grunde unschädlich.

Wenn wir uns nur noch über unseren Besitz definieren

Problematisch wird es erst, wenn wir Dinge allein deshalb kaufen, um unsere Persönlichkeit zu demonstrieren, und der Besitz uns allmählich über den Kopf wächst. Je mehr wir ansammeln und je mehr Geld wir für Zeug ausgeben, das unsere Qualitäten als Mensch herausstreichen soll, desto stärker verschmelzen Besitz und Persönlichkeit. Anders ausgedrückt: Wir sind, was wir haben. Dann gieren wir nach immer mehr Besitz, um in den Augen der anderen auch mehr zu zählen. Und irgendwann stecken wir eine gewaltige Menge Zeit und Energie allein in die Bewahrung und Erhaltung unseres angehäuften Eigentums. Sobald wir glauben, unsere Dinge spiegelten unsere Persönlichkeit wider, verschmilzt unser Ich mit unserem Besitz. Dann gilt unser höchstes Streben dem Ziel, Dinge anzuhäufen und zu bewahren.

Ich dachte, meine Bücherregale spiegelten meine Persönlichkeit wider

Nehmen wir ein Beispiel aus meinem Leben. Vollgestopfte Bücherregale nahmen fast den ganzen Platz in meinem engen Flur ein. Doch ich kann mich kaum daran erinnern, eines der Bücher gelesen zu haben. Keines war mir in Fleisch und Blut übergegangen. Während des Studiums hatte ich eine Schwäche für anspruchsvolle Bücher, doch die meisten hatte ich nur überflogen. Ich besaß Werke über zeitgenössische Philosophie und Meisterwerke des 20. Jahrhunderts – dicke literarische Wälzer, die ich nie zu Ende gelesen hatte.

Heute verstehe ich, warum ich diese Bücher herumstehen ließ, anstatt sie zu entsorgen. Ich wusste ja, dass ich sie nie lesen würde. Die Bücher stellten einen verzweifelten Versuch dar, anderen zu zeigen, was für ein kluger Kerl ich bin. Sie sollten nur eine Botschaft übermitteln:

»Schaut mal, was für ein belesener Mensch! Wie jeder der Themenvielfalt entnehmen kann, sind meine Interessen breit gestreut und mein Geist ist sehr wissbegierig. Ich weiß alles über die verschiedenen Themen – und wenn auch nur dem Namen nach. Obwohl ich noch nicht alle Bücher gelesen habe, interessiere ich mich brennend für all diese Themen – natürlich, sonst stünden die Bücher ja nicht in meinem Bücherregal. Wenn ich vielleicht auch nicht alles verstanden habe, was in diesen Büchern steht, habe ich mich doch durch dicke Wälzer mit schwierigen Themen durchgekämpft. Ich rede zwar nicht viel und wirke vielleicht blass, aber tief in mir schlummert ein gewaltiger Wissensschatz. Am besten würde man mich wohl als tiefgründigen Intellektuellen beschreiben.«

Peinlich, aber wahr: Genau aus diesem Grund türmten sich die Bücher in meiner Wohnung. Ich versuchte, Menschen mit der schieren Masse von Büchern zu beeindrucken, die ich besaß.

Das Gleiche galt für meine Berge an CDs und DVDs, für meine antiken Stücke, die kunstvollen Fotografien an den Wänden, mein Geschirr und meine Kamerasammlung. All das Zeug nutzte ich fast nie.

Ich besaß derart viel Zeug, dass ich kaum noch damit hinterherkam, es sauber zu halten. Wegen des ganzen Krempels in der Wohnung ließ sie sich kaum noch putzen, das heimische Chaos raubte mir alle Energie und jedes Selbstbewusstsein. Ich flüchtete mich in Alkohol, um mir das nicht eingestehen zu müssen. Was war ich nur für ein Idiot!

Wenn Werkzeuge uns beherrschen

Fassen wir abschließend zusammen: Die Dinge in unserem Besitz sollten uns eigentlich als Werkzeuge dienen. In der Steinzeit wurden sie auch so genutzt. Im Laufe der Zeit wuchs der Überfluss und wir begannen, Gegenstände für einen anderen Zweck einzusetzen: Menschen von unserem Wert zu überzeugen.

Wir sind soziale Wesen und brauchen die Herde. Ohne Bestätigung durch unsere Umwelt können wir nicht gedeihen. Erst wenn andere Menschen unseren Wert anerkennen, halten wir unser eigenes Leben für lebenswert.

Diesen Wert versuchen wir anderen Menschen über unseren Besitz zu vermitteln. Doch wenn wir es mit dieser Methode übertreiben, sitzen wir irgendwann auf einem Riesenhaufen Krempel. Die Dinge, die unseren Wert *zeigen* sollen, verschmelzen mit dem Wert selbst. Dann beginnen wir, noch mehr Sachen anzuhäufen – in dem Glauben, wir gewännen dadurch an Persönlichkeit. All diese Dinge wenden sich letztlich gegen uns, wir werden zu Sklaven unseres Besitzes, dem wir mit enormem Zeit- und Kraftaufwand dienen. Wir verlieren uns in unseren Besitztümern, unsere Werkzeuge erringen die Herrschaft über uns.

Dabei haben Dinge an sich keine Macht. Wir selbst haben sie derart erhöht, dass sie uns beherrschen können. Dennoch handelt es sich um tote Gegenstände. Sie bestimmen nicht unsere Persönlichkeit, sie können uns nichts befehlen. Früher waren Dinge einfach Werkzeuge. Liegt der Gedanke da so fern, sich von allem zu trennen, was man eigentlich nicht braucht?

Im nächsten Kapitel möchte ich Methoden vorstellen, wie man sich von Dingen trennt. Ich bin mir sicher, dass die meisten von uns so viel Zeug angehäuft haben, dass sie allmählich darin ertrinken. Versuchen Sie, sich von Ihrem Krempel zu distanzieren, zumindest einmal im Leben. Ich glaube, den Versuch ist es unbedingt wert. Machen Sie sich bereit, sich von all jenen Gegenständen zu trennen, die wie Ballast an Ihrem Rücken hängen.

3

55 Tipps, wie man sich von Dingen verabschiedet

1

Trennen Sie sich von der Illusion, Sie könnten sich nicht von Ihren Sachen trennen.

Niemand ist von Natur aus unfähig, Dinge wegzuwerfen. Wir glauben nur, wir könnten nicht loslassen. Psychologen nennen das »erlernte Hilflosigkeit«: Wir haben in der Vergangenheit wiederholt erfolglos versucht, uns von Dingen zu trennen, und glauben jetzt, wir könnten das nicht.

Doch jeder kann sich von Besitz lösen, man muss sich nur der Gründe bewusst werden, warum man bisher daran scheiterte. Es liegt nicht an Ihrer Natur, weshalb Sie auch keinerlei Schuld tragen. Es fehlt Ihnen einfach an Erfahrung, weiter nichts. Sie kennen es einfach nicht, sich von Besitz zu trennen, Sie haben sich so daran gewöhnt, ihn zu behalten. Früher lebte ich in einem vermüllten Apartment, heute sieht meine Wohnung absolut minimalistisch aus. Dabei habe ich nicht meine Persönlichkeit verändert, sondern einfach ein paar Methoden gelernt und mir angewöhnt, alles Überflüssige zu entsorgen.

2

Wegwerfen muss man lernen.

Ebenso wenig, wie Sie eines Morgens aufwachen und plötzlich Französisch sprechen, obwohl Sie es nie gelernt haben, fallen Minimalismus-Meister vom Himmel. Ja, ich habe mich von einer Menge Zeug getrennt, allerdings über mehr als fünf Jahre hinweg (wobei es auch schneller geht).

Das Entsorgen und Verwerten selbst geht ganz schnell. Am ersten Tag wirft man den Müll weg. Am zweiten Tag verkauft man seine Bücher und CDs, am dritten Tag seine Elektrogeräte. Am vierten Tag verkauft oder spendet man die großen Möbelstücke. Mehr als eine Woche braucht man nicht, um sich von seinem Zeug zu trennen, egal wie viel man besitzt. Nicht das Entsorgen selbst dauert, sondern sich zu der Entscheidung durchzuringen, braucht Zeit. Und ebenso wie man seine Fremdsprachenkenntnisse durch Übung verbessert, lässt sich auch das Wegwerfen üben. Je öfter man es macht, desto schneller kann man sich dazu entschließen und desto leichter fällt einem die Trennung. Sich zu trennen tut halt erst mal weh.

3

Wenn man etwas weggibt, gewinnt man unterm Strich.

Auch wenn es so scheint, als verliere man beim Entrümpeln, sollten wir in dieser Hinsicht umdenken. Denn man gewinnt überraschend viel, wenn man sich von Überflüssigem trennt: Zeit, Platz, Freiheit, Energie und noch viel mehr. Mehr dazu im vierten Kapitel. Lassen Sie mich an dieser Stelle nur verraten, dass die Liste an Dingen, die man dabei gewinnt, sehr lang ist. Beim Vorgang des Aussortierens konzentriert man sich zwangsläufig voll auf den jeweiligen Gegenstand, er liegt ja direkt vor einem. Der Vorteil dieser Handlung ist nicht offenkundig, weshalb man ihn leicht übersieht. Aber glauben Sie mir, es gibt mehr zu gewinnen als zu verlieren. Fokussieren Sie sich nicht auf den Verlust, der Ihnen bei einer Trennung entsteht, sondern auf den Gewinn daraus.

4

Erkunden Sie, warum Sie sich nicht von Dingen trennen können.

Nur die wenigsten Menschen werden über Nacht beschließen, künftig minimalistisch leben zu wollen, und auf einen Schlag den Großteil ihres Besitzes weggeben. Schließlich will gelernt sein, sich von Dingen zu trennen. Anfangs fällt es Ihnen sicher schwer, geliebte Dinge in einen Müllsack zu stecken oder zu verscherbeln. Auch ich besitze noch viele Dinge, von denen ich mich nicht trennen mag. Doch dessen braucht man sich nicht zu schämen. Man muss nicht alles sofort weggeben. Allerdings halte ich es für wichtig, darüber nachzudenken, warum wir uns von manchen Dingen nicht trennen wollen.

Nehmen Sie sich einen Augenblick Zeit, konzentrieren Sie sich auf einen bestimmten Gegenstand, von dem Sie sich nicht verabschieden können, und fragen Sie sich, warum. War er teuer? Fühlen Sie sich schuldig, ihn wegzuwerfen? Schämen Sie sich, dass Sie ihn nie richtig genutzt haben? Haben Sie ihn von einem lieben Menschen bekommen? Fühlt es sich an, als würden Sie mit dem Gegenstand eine schöne Erinnerung wegwerfen? Hindert Ihre Eitelkeit Sie, sich von diesem Gegenstand zu trennen? Oder Ihre Faulheit?

Keine Angst, wenn Sie sich nicht gleich von Ihrem gesamten Krempel lösen können! Das Wichtige ist, sich zu fragen, warum man zögert, sich von etwas zu trennen. Die Antwort könnte Sie überraschen.

5

Minimalismus ist schwierig, aber nicht unmöglich.

Schon der niederländische Philosoph Baruch de Spinoza erkannte: Wenn Menschen sagen, etwas sei unmöglich, dann haben sie bereits beschlossen, es nicht tun zu wollen. Obwohl wir uns vielleicht ernsthaft wünschen, uns von einem überflüssigen Ding zu trennen, wiegt der Trost, den wir aus seinem Besitz ziehen, vielleicht noch schwerer.

Diesen Trost sollten wir aber nicht mit dem Argument versuchen zu erklären, dieses Ding stecke voller Erinnerungen oder sei uns von einem teuren Freund geschenkt worden, weshalb wir es keinesfalls weggeben könnten. Klar, gute Gründe dieser Art gibt es, doch in Wirklichkeit sind wir oft einfach zu bequem, um etwas wegzuwerfen.

Meist bevorzugen wir den Weg des geringsten Widerstands. Warum sollte man sich die Mühe machen, etwas rauszuwerfen, wenn man es geradeso gut an seinem Platz liegen lassen kann? Wer aber das Entrümpeln zu lange vor sich herschiebt, riskiert, im eigenen Krempel zu ertrinken. Man kann nur zum Minimalisten werden, wenn man diese Lebensart zur obersten Priorität macht.

6

Ihre Gehirnkapazität, Ihre Energie und Ihre Zeit sind begrenzt.

Früher hatte ich mehrere Bankkonten, meine Geldbörse war prall gefüllt mit Bankkarten. Die Karten waren zwar dünn und nahmen kaum physischen Raum ein, beanspruchten aber viel Hirnkapazität. Wie viel hatte ich auf jedem einzelnen Konto noch übrig? Von welchem Konto sollte ich Geld abheben? Und wenn ich eine Karte verlor und jemand anderes sie missbrauchte? Schon der Gang zur Polizei würde mir viel wertvolle Zeit rauben.

Unsere 50.000 Jahre alte Hirn-Hardware verfügt einfach nicht über die Kapazitäten, sich mit solchen Fragen zu beschäftigen (oder mit sonstigem überflüssigem Krempel). Besser, wir räumen das System auf und löschen alle unnützen Daten, dann läuft alles wieder flotter und wir werden glücklicher.

7

Trennen Sie sich jetzt von etwas.

Vielleicht sagen Sie sich, dass Sie sofort mit dem Entrümpeln anfangen, sobald das gerade aktuelle Projekt abgeschlossen ist. Oder Sie beschließen, das Ausmisten anzugehen, sobald sich alles ein wenig beruhigt hat. Dabei wissen wir doch alle: Solange unsere lieben Habseligkeiten uns beherrschen, kommt dieser Tag nie.

Wir bilden uns ein, wir könnten erst dann Minimalisten werden, wenn in unserem Leben ein wenig Ruhe eingekehrt ist. Doch genau andersherum wird ein Schuh daraus: Das Leben beruhigt sich, sobald wir minimalistisch leben. All die Zeit, die wir so dringend brauchen, liegt in Griffweite. Doch wir müssen sie uns nehmen, indem wir uns von all dem unnötigen Krempel verabschieden. Deswegen sollten Sie augenblicklich damit anfangen. Machen Sie es zu Ihrer obersten Priorität.

Wegwerfen will gelernt sein, aber Sie müssen die Kunst ja nicht perfekt beherrschen, bevor Sie loslegen. Warten Sie nicht bis zum Ende dieses Buches. Beginnen Sie jetzt und lernen Sie durch Übung dazu. Warum nicht das Buch zuschlagen und etwas wegwerfen?

Wenn Sie warten, bis Sie Zeit dafür haben, werden Sie die Zeit nie haben. Das hier ist der erste Schritt hin zu einem minimalistischen Leben. Genau jetzt.

8

Sie werden bei keinem einzigen Gegenstand bereuen, ihn weggeworfen zu haben.

Heute habe ich mich schätzungsweise von 95 Prozent aller Dinge getrennt, die ich in Spitzenzeiten besaß. Das entspricht 950 von 1.000 Gegenständen. Und wissen Sie was? Ich vermisse keinen einzigen davon! Selbst wenn ich kurzfristig einmal einen davon vermisst haben sollte, kann ich mich heute nicht mehr entsinnen, welcher das gewesen sein könnte. So wenig bedeuteten mir all die Sachen. Ich trauere keiner einzigen hinterher.

Viele Menschen fürchten aber, sie könnten nachher bereuen, etwas ausgemistet zu haben. Das ist nur allzu menschlich. Von der zehn Jahre alten Jacke in der hintersten Schrankecke oder den Muscheln, die Sie als Kleinkind am Strand gesammelt haben, dürfen Sie sich aber bedenkenlos trennen. Ich versichere Ihnen: Sie werden wahrscheinlich bei keinem einzigen Gegenstand bereuen, ihn weggegeben zu haben.

9

Beginnen Sie mit offenkundigem Müll.

Am leichtesten fällt einem das Wegwerfen, wenn man es sich bewusst angewöhnt. Angenommen, Sie nehmen sich vor, zukünftig morgens joggen zu gehen. Dann ist es schon ein guter Anfang, am ersten Tag zur Wohnungstür zu gehen. Das Ziel für den zweiten Tag lautet, zusätzlich noch die Laufschuhe anzuziehen. So machen Sie in kleinen Schritten weiter, bis Sie Ihr großes Ziel erreicht haben. Ichiro Suzuki, einer der besten Baseballspieler in Japan und Amerika, erklärte einmal, unglaubliche Taten ließen sich einzig durch das Anhäufen winziger Erfolge vollbringen. Das gilt auch beim Ausmisten. Beginnen Sie damit, dass Sie alte, kaputte Flipflops wegwerfen. Am nächsten Tag wandern alte Stiefel mit löchriger Sohle in den Müll. Mutiger geworden, entsorgen Sie am folgenden Tag Ihren schimmligen alten Regenmantel. Stück für Stück bauen Sie auf Ihren Erfolgen auf.

Wir beginnen ganz einfach: mit offenkundigem Müll. Werfen Sie leere Getränkedosen und alte Essensbehälter weg. Durchsuchen Sie Ihren Kühlschrank und entsorgen Sie alle verdorbenen Lebensmittel. Rangieren Sie löchrige Kleidung aus. Entsorgen Sie kaputte Haushaltsgeräte. Beginnen Sie Ihr Großreinemachen, indem Sie Zeug wegschmeißen, das offenkundig nichts mehr taugt.

10

Misten Sie alle Gegenstände aus, die Sie mehrfach haben.

Bei Dingen, die man sowieso mehrfach hat, lässt sich leicht minimieren. Nur zu, schauen Sie nach. Besitzen Sie zwei Scheren? Einen ganzen Haufen unbenutzter Kugelschreiber? Zwei Kalligrafie-Pinsel? Meistens verlieren wir den Überblick darüber, wie viele Dinge wir doppelt haben, weil wir sie nicht an einem festen Ort aufbewahren. Das ist oft der Punkt, an dem Chaos beginnt. Je mehr man besitzt, desto mehr verliert man den Überblick.

Haben Sie drei Scheren, können Sie erst einmal eine wegwerfen. Welche davon liegt auf der Hand: die Schere, die Sie am wenigsten mögen und nie benutzen. Auch mit zwei Scheren lässt sich noch alles schneiden. Auch mit fünf Kugelschreibern kann man noch schreiben.

Versuchen Sie, von allen Gegenständen letztlich nur noch ein Exemplar zu besitzen.

11

Trennen Sie sich von allem, was Sie ein Jahr lang nicht mehr benutzt haben.

Das ist eine ganz wichtige Methode des Ausmistens. Trennen Sie sich außerdem von allen Gegenständen, für die Sie keine konkrete zukünftige Verwendung im Auge haben. Die dicke Decke und Ihre Daunenjacke sollten Sie nicht entsorgen, die brauchen Sie im nächsten Winter wieder. Das Gleiche gilt für Ihre Lieblingsbadehose, die ziehen Sie im nächsten Sommer wieder an.

Doch alles, was Sie das ganze vergangene Jahr nicht benutzt haben, brauchen sie vermutlich nicht mehr, mit Ausnahme Ihrer Notfallausrüstung.

Niemand mag Staub, doch er liefert uns gute Hinweise auf überflüssigen Krempel. Je dicker die Staubschicht, desto seltener wird der Gegenstand darunter benutzt. Dinge, die Sie im letzten Jahr nicht verwendet haben, werden Sie vermutlich auch im nächsten und übernächsten Jahr kaum brauchen. Und Gegenstände, die man tatsächlich nur alle drei Jahre einmal hernimmt, leiht man sich besser. Sparen wir uns endlich all die Zeit und Energie, die wir für die Pflege unbenutzter Dinge aufwenden!

12

Werfen Sie weg, was Sie nur zum Angeben besitzen.

Wie im zweiten Kapitel erläutert, besitzen wir viele Dinge allein deshalb, um andere Menschen zu beeindrucken. Fragen Sie sich also, ob Sie bestimmte Gegenstände behalten möchten, weil wirklich Ihr Herz an ihnen hängt, oder vielmehr, weil sie Ihre Person in einem guten Licht erscheinen lassen sollen.

Natürlich machen wir uns alle Gedanken darüber, wie die Umwelt uns wahrnimmt. Es macht Spaß, mit den schönen Dingen anzugeben, die man sich leisten kann: einer schicken Küche, hübschen Möbeln, einem coolen Auto und einer teuren Uhr. Oder man spielt den kreativen Ästheten und umgibt sich mit Kunst und Musikinstrumenten. Wir alle strengen uns unheimlich an, unser Image zu pflegen.

Was uns aber wirklich Freude bereitet, sind oft genutzte Dinge, die man nicht groß pflegen muss. Auch wenn es verlockend ist, sich mit Statussymbolen zu schmücken: Erwägen Sie, sich von allen Dingen zu trennen, mit denen Sie anderen Menschen lediglich imponieren wollen.

13

Unterscheiden Sie zwischen dem, was Sie wollen und was Sie brauchen.

Ein übertriebenes Beispiel: Angenommen, Sie sind in den Bergen unterwegs, aber ohne die nötige Ausrüstung. Sie tragen zu dünne Kleidung, kennen sich nicht aus und verirren sich. Die Temperatur fällt, es fängt zu schütten an und Sie zittern vor Kälte. Endlich finden Sie eine kleine Hütte. Sie treten ein und hüllen Ihren durchgefrorenen Körper in eine Decke. Diese Decke ist ein Gegenstand, den Sie wirklich brauchen.

In unserem Alltag werden wir mit Angeboten nur so bombardiert, all die schönen neuen Dinge liegen in unmittelbarer Griffweite. Elektronischer Schnickschnack, edle Fahrräder, topmodische Kleidung und alles andere, wovon das Herz träumt. Wenn man sich im Gebirge verirrt hat, reicht eine warme Decke, doch zu Hause würden Sie sich vielleicht bald eine schickere Decke wünschen und dann eine noch edlere, flauschigere Decke

Stellen Sie sich vor jedem Einkauf die Frage, ob Sie diesen Gegenstand wirklich brauchen. So lassen sich viele unnötige Käufe vermeiden. Der buddhistische Mönch Ryunosuke Koike sagt, er lege sich in solchen Situationen die Hand auf die Brust. Hat er ein unbehagliches Gefühl, begehrt er den betreffenden Gegenstand lediglich. Das ungute Gefühl nimmt er als Symptom für die Unzufriedenheit, den Irrglauben, etwas fehle in seinem Leben, obwohl er doch bereits alles besitzt, was er braucht.

14

Fotografieren Sie die Gegenstände, an denen Sie sehr hängen.

Nennen Sie mich ruhig sentimental, aber ich fotografiere die Dinge gern, bevor ich mich von ihnen trenne. Das erleichtert mir den Abschied. Auch heute mache ich das noch gelegentlich; erst kürzlich fotografierte ich einen alten Nagelknipser, ehe ich ihn entsorgte. Jetzt fragen Sie sich vielleicht, was ich mit den Bildern mache. Ich sehe sie mir nie wieder an. Ich mache die Fotos, um die Erinnerungen zu bewahren, die an diesen Dingen hängen.

Sich von materiellem Besitz zu trennen und seine Erinnerungen wegzuwerfen, sind meiner Ansicht nach zwei völlig verschiedene Dinge. Solange man noch Fotos eines Gegenstands hat, kann man die mit ihm verknüpften Erinnerungen jederzeit aufleben lassen. Ein Kunstwerk Ihres Grundschulkindes, ein Reiseandenken, das Geschenk eines Freundes – sobald Sie Fotos gemacht haben, können Sie sich die Originale viel leichter aus dem Herzen reißen. Ich kann Ihnen aus Erfahrung versichern, dass Sie sich diese Fotos höchstwahrscheinlich nie wieder ansehen werden. Bald bin ich soweit, dass ich Tausende Erinnerungsbilder löschen kann. Wenn ich das schaffe, weiß ich, dass ich angefangen habe, stärker in der Gegenwart zu leben. Doch bis der Tag kommt, an dem ich unnötiges Zeug ohne Zögern wegwerfe, mache ich einfach weiter meine Fotos.

15

Digitalisierte Erinnerungen sind leichter zugänglich.

Ich mag gar nicht daran denken, wie viel Geld ich früher für Rollfilme und deren Entwicklung ausgab. Ich hatte meine Lieblings-Kleinbildkamera immer dabei und fotografierte fröhlich drauflos, doch hinterher sortierte ich das Material nur sehr widerwillig. Negative und Abzüge landeten in irgendwelchen Plastiktaschen, sodass sich später unmöglich sagen ließ, wann sie entstanden waren. Ich stopfte sie in meinen Schrank und es war schon ein ganz schönes Theater, sie überhaupt wieder herauszuziehen.

Nachdem ich mich zu einem minimalistischen Leben entschlossen hatte, scannte ich all meine Abzüge und alten Briefe. Jetzt, da sie digitalisiert sind, kann ich sie mir viel leichter am Computer anschauen, wenn mir der Sinn danach steht. Da die Namen der Ordner verraten, wann und wo die Aufnahmen entstanden sind, ist jetzt alles chronologisch sauber geordnet. Alles ist auch in der Cloud gesichert, sodass ich meine kostbaren Alben überall auf der Welt ansehen kann.

16

Unsere Dinge sind wie Zimmergenossen, nur dass sie keine Miete bezahlen.

In Japan heißt es, man brauche eine halbe Tatami-Matte zum Sitzen und eine ganze zum Schlafen. Mehr Platz als diese 1,5 Quadratmeter benötigt man eigentlich nicht. Holt man sich einen Zimmergenossen dazu, braucht man halt Platz für eine weitere Tatami-Matte. Nach dieser Logik benötigt man für zwei Personen kaum mehr Platz als für eine.

Doch selbst wer allein lebt, hat in Wirklichkeit Zimmergenossen: seine Sachen. Und die beanspruchen deutlich mehr Platz als eine Tatami-Matte.

Wer würde nicht gern in einem hübschen, großzügigen Häuschen leben? Im Grunde wünschen wir uns das aber hauptsächlich, um unserem Besitz eine gemütliche Umgebung zu bieten. Und was bekommen wir dafür? Unsere Sachen zahlen keine Miete und beteiligen sich nicht an der Hausarbeit. Ganz im Gegenteil verursachen sie uns zusätzliche Arbeit. Wollen wir diese Schmarotzer wirklich weiter dulden? Werfen wir die doch besser hinaus!

17

Aufräumen heißt noch nicht Minimieren.

Bei uns in Japan findet der große »Frühjahrsputz« traditionell zum Jahresende statt. Dann werfen wir einige Dinge weg und räumen den Rest in Schränke, außerhalb der Sichtweite. Wir nutzen den Raum so gut wie möglich, damit unser Zeug im Alltag nicht nervt. Doch kaum beginnt das neue Jahr, kommt wieder neuer Krempel hinzu, der wieder im Weg herumliegt. Dieser Zyklus wiederholt sich endlos, außer bei Ordnungsfanatikern. Das liegt daran, dass Aufräumen noch nicht Minimieren bedeutet.

Anstatt sein Zeug ordentlich zu verstauen, sollte man lieber versuchen, die Menge an Krempel zu verringern und erst dann aufzuräumen. Auf diese Weise bleibt die Wohnung dauerhafter ordentlich – der ewige Kreislauf endet. Inzwischen besitze ich so wenige Gegenstände, dass meine Wohnung einfach nicht mehr unordentlich aussehen kann. Das Konzept von »Unordnung« ist mir fremd geworden!

18

Bekämpfen Sie das Problem (Unordnung) an der Wurzel (Schränke).

Hier ein ganz wichtiger Tipp: Es scheint uns logisch auszumisten, indem wir erst den Krempel aus den Schränken werfen und dann, wenn sich diese geleert haben, auch die Schränke selbst entsorgen.

Doch überlegen Sie einmal, wie Sie häusliches Ungeziefer bekämpfen. Zerquetschen Sie die Ameisen einzeln, um erst ganz am Schluss das Nest zu entfernen? Natürlich nicht – Ungeziefer vermehrt sich schnell. Wir müssen das Übel an der Wurzel packen, am Nest.

Das Gleiche gilt für unseren Krempel: Dessen Nester sind Schränke, Kisten und Kommoden – und nach jedem Ausmisten füllen sie sich ganz von selbst wieder. Am effektivsten misten wir also aus, indem wir die Nester selbst zerstören.

Was? Schränke, Kisten und Kommoden entsorgen, obwohl sie bis zum Bersten mit Zeug vollgestopft sind? Ich kann Ihre Ungläubigkeit deutlich spüren. Dann türmt sich der Krempel ja überall in der Wohnung! Glücklicherweise erträgt fast niemand einen solchen Anblick – was uns zwingt, sofort etwas dagegen zu unternehmen. Nämlich Zeug wegzuwerfen. Sobald unser Krempel kein behagliches Zuhause mehr hat, geht es ihm wie lästigem Ungeziefer ohne Nest: Er verschwindet allmählich.

19

Lassen Sie »ungenutzten« Platz frei.

Das Prinzip »ungenutzten« Raums spielt bei der Ordnung Ihres Zuhauses eine wichtige Rolle. Sie sehen eine Fläche, auf der nichts steht, und betrachten sie als »ungenutzt«. Schon sehr bald wird Ihnen einfallen, wie Sie diese Leere füllen.

Angenommen, Sie installieren zu Hause eine Waschmaschine. Dann stellt sich sofort die Frage, wie Sie den freien Raum darüber nutzen wollen. In Tokio leben die meisten Menschen in winzigen Wohnungen und versuchen, den vorhandenen Platz möglichst effektiv zu nutzen. Also hängen sie Regale über ihre Waschmaschinen und bringen darin Handtücher, Waschmittel, Weichspüler, Reinigungsmittel usw. unter.

Doch damit noch nicht genug. Oft montieren wir zwischen den Wänden eine Stange, hängen daran Kleiderbügel und Haken auf und freuen uns, was für einen tollen Stauraum wir da gewonnen haben. In Wirklichkeit jedoch bewegen wir uns in die falsche Richtung, weg von Minimalismus und Behaglichkeit. Denn sobald Stauraum vorhanden ist, sammelt sich darin fast unweigerlich Krempel. Irgendwann werden die Sachen auf der Stange überquellen.

Ein vollgestopfter Stauraum ähnelt einer überfüllten U-Bahn – kein erhebender Anblick! Und sicher graust es Ihnen, irgendetwas daraus hervorzuzerren. Allein bis man darin etwas gefunden hat! Der Anblick von freiem leerem Raum hingegen beruhigt und entspannt. »Ungenutzte« Flächen sind in

Wirklichkeit enorm nützlich: Sie vermitteln uns ein Gefühl von Freiheit, sie geben den Blick frei auf die wichtigen Dinge im Leben.

20

Vergessen Sie »irgendwann«.

Angenommen, Sie kaufen einen neuen Staubsauger. Neben dem Gerät finden Sie in der Packung jede Menge Zubehör, Garantieunterlagen, Gebrauchsanweisungen usw. Fast alles davon werden Sie nie benutzen – aber entsorgen tun Sie es auch nicht, weil Sie es »irgendwann« vielleicht benötigen könnten. Heute werfe ich solchen Krempel sofort weg, selbst die Garantieunterlagen.

Wir denken ständig an ein »Irgendwann«. Wir behalten leere Keksdosen und hübsche Papiertüten, weil wir sie eines Tages einmal brauchen könnten. Wir heben Lehrbücher für Fremdsprachen auf, weil wir uns eines Tages vielleicht wirklich hinsetzen und die Sprache lernen möchten. Die verstaubende Gitarre, der Inbusschlüsselsatz – all das Zeug benutzen wir bestimmt, wenn wir einmal eine ruhige Minute haben. Irgendwann. Das sagen wir uns. Dabei wissen wir längst, dass dieser Moment vermutlich nie kommen wird. Darf ich Ihnen einen Rat geben? Vergessen Sie »irgendwann«. Dinge, die wir heute nicht brauchen, brauchen wir wahrscheinlich auch in Zukunft nicht.

21

Verabschieden Sie sich von Ihrem alten Ich.

Fragen Sie sich während des Ausmistens bei jedem Gegenstand: Brauche ich ihn *jetzt*? Es ist ebenso müßig, für die Zukunft vorsorgen zu wollen wie sich an die Vergangenheit zu klammern.

Alte Schulbücher, geliebte Kinderbücher, ein ehemaliges Lieblingsoutfit, in dem Sie toll aussahen – Erinnerungen sind etwas Wunderbares, doch wenn Sie zu sehr in der Vergangenheit verharren, bleibt Ihnen kein Raum mehr für persönliche Weiterentwicklung. Lösen Sie einige der alten Bande, um sich mehr auf das Hier und Heute konzentrieren zu können.

Wer sich an Erinnerungsstücke klammert, hängt einem vergangenen Bild seiner selbst nach. Wenn Sie also nur das geringste Interesse haben, sich zu verändern und zu wachsen, dann raffen Sie sich auf und lassen Sie los. Behalten Sie nur Dinge, die Sie brauchen, um sich in Zukunft weiterzuentwickeln.

22

Werfen Sie Dinge weg, die Sie vergessen haben.

Meiner Ansicht nach sollte ein perfekter Minimalist alle Gegenstände in seinem Besitz aufzählen können. Er besitzt nur noch Dinge, die er regelmäßig verwendet. Da sollte ihm die Auflistung doch nicht schwerfallen, oder? Wenn Sie etwas bei der Aufzählung vergessen, brauchen Sie es offenkundig nicht besonders dringend.

Beim Ausmisten stoßen Sie sicher gelegentlich auf vergessene Dinge, etwa Kleidung ganz hinten in einer Schublade oder ganz unten im Schrank. Dann rufen Sie erstaunt aus: »Was, so etwas besitze ich?«

Oder Sie denken: *Stimmt, ich erinnere mich, das gekauft zu haben.* Als Nächstes folgt der Gedanke, wie dieser alte Fetzen zu Ihrer aktuellen Garderobe passen würde. Aber halten Sie kurz inne. Sie sind jetzt jahrelang ohne dieses Teil ausgekommen. Hätten Sie es wirklich so dringend gebraucht, wäre es nicht ganz unten im Schrank gelandet.

Auch den Kleinkram, der zwischen Fernseher und Wand klemmt, brauchen Sie nicht mehr. Hätten Sie ihn wirklich vermisst, hätten Sie ihn schon gesucht. Stehen bei Ihnen noch ungeöffnete Kartons vom letzten Umzug herum? So nützlich kann der Inhalt dann nicht gewesen sein. Kartons mit Sachen, die Sie schon total vergessen haben, dürfen Sie fast garantiert unbesehen entsorgen. Falls Sie noch zögern sollten, nur zu. Packen Sie den Karton aus und sehen Sie nach. Aber vergessen Sie nicht, was wir gerade besprochen haben.

23

Versuchen Sie nicht, beim Entrümpeln kreativ zu werden.

Menschen werden oft verblüffend einfallsreich, wenn sie sich von Dingen nicht trennen mögen. Angenommen, Sie stoßen beim Stöbern auf eine alte Keksdose. Dann sagen Sie sich vielleicht: »Hm, auf den ersten Blick scheint sie nutzlos, doch Moment, ich könnte darin beispielsweise meine Medikamente unterbringen.« »Diese abgewetzte Tragetasche gehört wirklich in den Müll, aber, hey, ich könnte darin auch meine Papiertüten sammeln!« »Dieser Flakon ist wirklich hübsch, aber eigentlich sollte ich ihn entsorgen. Halt, nein, mir kommt gerade eine tolle Idee. Ich gehe zum Elektromarkt – irgendwann einmal –, kaufe eine Fassung und mache eine Tischlampe daraus.«

Gestehen wir es uns ein: Die Tischlampe basteln wir vermutlich nie! Wir spinnen all diese Ideen doch nur, weil wir uns nicht von unserem alten Zeug trennen wollen. Nie werden wir so kreativ wie beim Entrümpeln. Doch egal wie toll die Ideen auch scheinen, wahrscheinlich sollten Sie sie besser ignorieren.

24

Vergessen Sie den Preis.

Oft zögern wir, teure Sachen zu entsorgen. Eine innere Stimme mahnt uns, wir hätten den Preis noch nicht »hereingeholt«. Doch die traurige Wahrheit lautet, dass wir ihn höchstwahrscheinlich nie »hereinholen« werden.

Vielleicht besitzen Sie ein Kleidungsstück, dessen Farbe und Schnitt Ihnen unheimlich gefallen, das Ihnen aber einfach nicht steht. Entsprechend haben Sie es kaum getragen und den hohen Anschaffungspreis noch nicht »hereingeholt«. Natürlich fällt es Ihnen schwer, so ein schickes Teil wegzugeben. Andererseits beansprucht es in Ihrer Wohnung und in Ihrem Geist nur Platz. Jedes Mal, wenn Sie das wunderbare Stück sehen, bereuen Sie unweigerlich, es überhaupt gekauft zu haben. Rechnen Sie diesen psychischen Schmerz einmal in Geld um! Die »Kosten« des Schmerzes bei jedem Betrachten mögen gering sein, vielleicht ein paar Cent. Doch sie türmen sich einfach immer weiter auf, solange Sie das Teil besitzen.

Aktionäre stimmen wohl darin überein, dass es besser wäre, Anteile zu verkaufen, deren Kurs ohne Aussicht auf Besserung immer weiter fällt. Genauso sollten wir unsere Habseligkeiten betrachten: Wir sollten die Hoffnung aufgeben, unser Geld je wieder »hereinzuholen«, und lieber gleich die Reißleine ziehen. So sparen wir auf lange Sicht Geld – und erlangen Seelenfrieden.

25

Niemand braucht Vorräte.

Die meisten von uns lagern daheim größere Mengen an Toilettenpapier, Taschentüchern und Papierhandtüchern. Das erspart uns, zum Laden zu laufen, weil etwas ausgegangen ist. Außerdem spart man mit Großpackungen Geld. Darüber hinaus handelt es sich um Dinge des täglichen Bedarfs, wir verbrauchen sie also bestimmt irgendwann, oder?

Doch jetzt überlegen Sie sich einmal, wie viel Platz Ihre Vorräte beanspruchen. Je mehr Platz Sie ihnen lassen, desto breiter machen sie sich, bis Sie irgendwann nicht einmal mehr wissen, was Sie alles so daheim lagern.

Angenommen, Sie gehen auf dem Heimweg noch in einen Drogeriemarkt und sehen, dass Q-Tips im Sonderangebot sind. »Habe ich noch welche zu Hause? Hm, heute gibt es Rabatt, da nehme ich mal zwei Packungen mit.« Und dann kommen Sie heim und stellen bestürzt fest, dass Ihre vorhandenen Vorräte schon ausgereicht hätten, um eine Apotheke aufzumachen.

Mein Vorschlag: Behalten Sie zunächst eine Reservepackung und kaufen Sie erst einmal nicht nach. Sobald wirklich etwas ausgeht, gehen Sie halt und kaufen eine Packung nach (nur eine!). Es ist egoistisch, in Notzeiten einen Vorrat nur für sich selbst zu horten. Gewöhnen wir uns also an, erst gar keine Vorräte anzulegen.

26

Glücksgefühle helfen Ihnen bei der Entscheidung.

In ihrem Bestseller *Magic Cleaning* brachte Marie Kondo es wunderbar auf den Punkt: Wenn man einen Gegenstand berühre, müsse man einen »Funken von Freude« spüren, ansonsten könne man ihn entsorgen. Diese einfache Methode kann sehr nützlich sein.

Dinge, die Sie nicht lieben, die aber einen Haufen Geld gekostet haben, Dinge, die Sie nicht richtig genutzt haben und die jetzt eher zu einer Bürde geworden sind, Dinge, die Sie oft verwendet haben und die stark abgenutzt sind – diese Dinge lösen in der Regel keinen Funken von Freude mehr aus. Marie Kondos Test liefert ziemlich verlässliche Ergebnisse.

Auf diesen Funken zu achten, hilft dabei, sich nicht auf die Vergangenheit oder die Zukunft zu konzentrieren, sondern auf die Gegenwart. Die Methode ist ganz einfach und erfordert kaum Zeit. Ein »Funke von Freude« – das ist eine erstaunlich hohe Latte und so wandern viele Dinge in den Müll, die Sie aus dem einen oder anderen Grund bisher nicht wegwerfen konnten. Die alles entscheidende Frage lautet: »Erregt dieser Gegenstand einen Funken von Freude in mir?«

Erfahrene Minimierer können sich diese Frage irgendwann sogar sparen. Mehr dazu später.

27

Auf Versteigerungen lässt sich Besitz schnell loswerden.

Viele Sachen ließ ich versteigern, etwa kaum getragene Kleidung, unbenutzte Elektrogeräte und meine geliebte Kamerasammlung. Diese Idee kam mir aber erst nach dem Flop, den ich mit einem Gerät erlebte, das eine Kombination aus Filmentwickler und Fotodrucker war. Ich ersteigerte es für 150.000 Yen (etwa 1.150 Euro), ein Freund lieh mir das Geld. Doch dann benutzte ich das Gerät nie. Ich wusste, auf einer Auktion würde ich mindestens 100.000 Yen dafür bekommen, doch ich behielt es, es war mir immer zu mühsam, es versteigern zu lassen. Am Ende ging mir das Trumm so auf den Geist, dass ich es – gegen Gebühr – auf den Elektroschrott warf.

Seit diesem Fiasko versteigere ich überzählige Sachen über QuickDo (andere lokale Versteigerungsplattformen dieser Art entstehen derzeit in aller Welt). Ich fülle einfach ein Formular aus und schon kommt der Gegenstand zur Versteigerung. Für den Dienst fallen Gebühren an, doch dafür muss man sich nicht weiter um Verkauf oder Versand kümmern. Mit dieser bequemen Methode lässt sich Zeug schnell loswerden; man lehnt sich einfach zurück und verfolgt die Gebote.

28

Nutzen Sie Versteigerungen, um einen letzten Blick auf Ihre Sachen zu werfen.

Versteigerer wie QuickDo bieten gegenüber Online-Auktionsportalen wie eBay den Vorteil, dass man sich viel Mühe spart: Man muss seine Sachen nicht fotografieren, keine Produktinformationen einstellen und hinterher keine Ware versenden.

Andererseits hält Kouta Itou, der minimalistische Globetrotter, Online-Auktionen genau aus diesem Grund für den besten Weg, sich von Dingen zu trennen. Kouta saß buchstäblich auf einem Berg aus Musikinstrumenten und -ausrüstung, bis er alles versteigerte. Er empfiehlt diesen Weg, weil man sich während der Arbeit des Fotografierens und des Beschreibens seiner Sachen noch einmal die Gefühle bewusst machen kann, die diese Gegenstände früher einmal in einem ausgelöst haben. Außerdem gibt einem der Prozess Gelegenheit, darüber nachzudenken, warum man jeden einzelnen dieser Gegenstände nicht mehr braucht. Kouta sagt, während dieser Vorarbeiten habe er sich geschworen, nie wieder etwas Unnötiges zu kaufen.

29

Lassen Sie Ihren Besitz abholen.

Die Arbeit des Verpackens und Versendens nach einer Versteigerung kann nerven. Aber es geht auch einfacher: Lassen Sie sich Ihr Zeug en gros abkaufen. Natürlich zahlen professionelle Verwerter weniger als die Käufer auf Auktionsportalen, dafür ersparen sie Ihnen viel Arbeit. Sie kommen zu Ihnen nach Hause, drücken Ihnen Geld in die Hand und nehmen Ihr Zeug mit. Sie müssen es nicht einmal verpacken. Ich arbeite gern mit Takakuureru.com zusammen, die eine riesige Palette von Dingen aufkaufen. Welche Anbieter es gibt, hängt natürlich von Ihrem Wohnort ab.

Diese Leute retteten mich, als ich mich von größeren Gegenständen wie meinem Fernseher trennte. Ich weiß nicht, wie es in anderen Ländern aussieht, aber in Japan muss man für die Entsorgung solcher Gegenstände sogar bezahlen. Auch meine Spielekonsole PS3 und meine Heimkinoausrüstung nahmen mir die Leute ab. Ein Secondhand-Buchladen in Tokio schickte Leute, die mir mehr als 1.000 Bücher abkauften, meine gesamte Sammlung. Obwohl sie mir einen Preis für jedes einzelne Buch hätten machen können, einigten wir uns schnell auf einen Pauschalpreis von 20.000 Yen (150 Euro). Natürlich ließe sich mit Versteigerungen mehr herausholen, doch meiner Ansicht nach kommt es vor allem darauf an, dass der Prozess des Ausmistens möglichst wenig Mühe macht.

30

Hängen Sie sich nicht am ursprünglichen Preis auf.

Mein 42-Zoll-Plasmafernseher kostete mich ursprünglich um die 80.000 Yen (ca. 600 Euro). Ich verkaufte ihn für 18.000 Yen (knapp 140 Euro). Für meine Heimkinoausrüstung bezahlte ich 40.000 Yen (ca. 300 Euro), später bekam ich dafür 5.000 Yen (knapp 40 Euro). Zugegeben, ich hatte mir für diese Dinge höhere Erlöse erhofft. Sie befanden sich in einem prima Zustand und waren erst etwa drei Jahre alt. Doch dann ging mir auf, wie sehr ich mich an den Preisen orientierte, die ich ursprünglich dafür bezahlt hatte. Man tut sich schwer, sich von Dingen zu trennen, wenn man ihren aktuellen Wert an ihrem damaligen Preis bemisst.

Ein Neuwagen wird zum Gebrauchtwagen, sobald Sie vom Parkplatz des Händlers herunterfahren. All Ihr Besitz verliert im Laufe der Zeit an Wert. Obwohl wir alle unser Eigentum hoch schätzen, sollten wir doch versuchen, den möglichen Verkaufspreis realistisch einzuschätzen. Kommen Sie von Ihrem hohen Ross herunter, was Ihren Krempel angeht. Er ist längst nicht so wertvoll, wie Sie glauben. Das macht Ihnen den Abschied vielleicht leichter.

31

Betrachten Sie Läden als Ihre Lagerräume.

Dieser Rat stammt von dem Schriftsteller Daisuke Yosumi. Alle Läden bezahlen einen Haufen Geld für Lager- und Verkaufsräume, um Güter aller Art für uns bereitzuhalten, und sie gehen sorgfältig mit ihrer Ware um. In vielen Ländern haben kleine Eckläden rund um die Uhr geöffnet. Yosumi findet, wir sollten diese Läden nicht als Geschäfte betrachten, sondern als externe Lagerhäuser, aus denen wir bei Bedarf etwas holen.

Niemand braucht also daheim etwas zu lagern. Damit stopft man sich nur die Wohnung voll. Und es ist Geldverschwendung, Lagerraum zu mieten. Dafür gibt es doch Geschäfte. Läden bieten eine angenehme Atmosphäre und eine gewaltige Auswahl an Dingen. Viele dieser »Lagerhäuser« sind gleich um die Ecke; an ihren Türen begrüßt uns lächelndes Personal. Oder denken Sie an all die Online-Geschäfte – auch sie sind gewaltige Lagerhäuser. Angesichts so vieler praktischer Lagerhäuser wäre es doch unsinnig, zu Hause auch eines anzulegen.

32

Die Stadt ist die Erweiterung Ihrer Wohnung.

Ich verstehe den Wunsch vieler Menschen nach einer großen, bequemen Couch inmitten eines großen, gemütlichen Wohnzimmers. Ich könnte mich damit auch anfreunden. Aber ich glaube nicht, dass wir so etwas zu Hause haben müssen. Als »Wohnzimmer« dient mir eine nahe gelegene Kneipe, die mit gemütlichen und einladenden Sofas lockt, sauber und aufgeräumt ist sie noch dazu. Dort kann ich mich entspannen, so lange ich will. Sehr gern besuche ich auch ein Café, in dem sich niemand beschwert, wenn ich stundenlang dasitze und über frisch gebrühtem Kaffee mit meinen Freunden plaudere.

Glauben Sie mir, ich bin kein Eremit. Es würde mir sehr gefallen, Freunde auf ein Fondue zu mir einzuladen oder coole Häppchen für eine tolle Party vorzubereiten. Doch soll ich wirklich für diese seltenen Gelegenheiten meinen Haushalt aufblasen und so tun, als störten mich all diese platzraubenden Gegenstände nicht? Keine Chance!

Also sage ich meinen Freunden: »Fondue? Klar, klingt super. Daheim bei mir geht es nicht, weil ich kein Set habe, aber ich kenne da ein Restaurant, das fantastische Fondues anbietet. Sollen wir dahin gehen? Hinterher können wir bei mir etwas trinken.«

Wenn wir unser Viertel als Erweiterung unserer Wohnung betrachten, eröffnen sich unendliche Möglichkeiten.

33

Trennen Sie sich von allen Dingen, über die Sie nicht mit Leidenschaft sprechen können.

Daisuke Yosumi stellte dieses Konzept in seinem Buch *Jiyuude aritsuzukeru tameni nijuudaide suterubeki gojuuno koto* (50 Dinge, von denen man sich in seinen 20ern trennen sollte, um frei zu bleiben) vor. Je mehr man seine Dinge liebt, desto mehr will man über sie wissen. Über die Dinge, die wir wirklich schätzen, können wir täglich neu staunen. Warum haben wir uns angesichts der gewaltigen Auswahl ausgerechnet für ein bestimmtes Produkt entschieden? Dafür muss es doch einen guten Grund gegeben haben.

Gegenstände, die wir mit Leidenschaft auswählen, spiegeln in unseren Augen Perfektion. Dinge hingegen, die wir nebenher erwerben, bieten sich geradezu dazu an, weggeworfen oder ersetzt zu werden. Ganz zwangsläufig hängen uns achtlos gekaufte Dinge viel weniger am Herzen. Ich glaube, unser Leben wird schöner, wenn unser Besitz auch unsere Leidenschaft erregt. Solange wir nur behalten, was wir wirklich lieben, sehnen wir uns nicht nach mehr.

34

Würden Sie den Gegenstand wieder kaufen, wenn er verloren ginge?

Diese Frage zeigt Ihnen, wie sehr Sie an einem Gegenstand hängen. Lautet die Antwort Ja, dann lieben Sie ihn wirklich, Sie brauchen ihn. Kämen Sie hingegen nie auf den Gedanken, den gleichen Gegenstand noch einmal zu kaufen, missfällt Ihnen offenkundig etwas an ihm. Vielleicht behalten Sie ihn, weil er »es tut«, aber das reicht nicht. Verabschieden Sie sich von Na-ja-Sachen. Allein die Dinge, die Sie sich wieder kaufen würden, befriedigen Sie.

35

Werfen Sie Geschenke ruhig weg. Sie erinnern sich ja auch nicht mehr daran, was Sie alles verschenkt haben.

Es fällt schwer, sich von Geschenken zu trennen. Wir fühlen uns schuldig und herzlos, wenn wir geschenkte Dinge wegwerfen. Aber denken Sie einmal einen Augenblick über die Dinge nach, die Sie anderen Menschen im Laufe der Zeit geschenkt haben. Sehen Sie, an das meiste können Sie sich gar nicht mehr erinnern.

Ich erkundige mich nie, ob jemand ein Geschenk, das ich ihm gemacht habe, auch tatsächlich nutzt. Und ich hoffe wirklich, dass die Beschenkten sich trauen, diejenigen Präsente wegzuwerfen, die sie nicht brauchen können. Keinesfalls würde ich mir wünschen, dass mein Geschenk jemand anderem Platz wegnimmt.

Also, raffen Sie sich auf und werfen Sie nicht mehr benötigte Geschenke weg, auch wenn Sie sich schuldig fühlen! Sollte der Schenker sich tatsächlich darüber aufregen, zeigt das, dass ihm die Vergangenheit wichtiger ist als ein gutes Verhältnis zu Ihnen. Vielleicht halten Sie diese Person zukünftig besser auf Distanz.

Ich möchte keinesfalls jemand werden, der Liebe oder Freundschaft nur durch materielle Dinge ausdrücken kann.

36

Überlegen Sie, was der Verstorbene gewollt hätte.

Wenn es Ihnen schon schwerfällt, Geschenke zu entsorgen, muss es Ihnen fast unmöglich erscheinen, den Besitz eines geliebten verstorbenen Menschen wegzugeben. Uns liegt so sehr daran, das Andenken an Verstorbene zu pflegen, dass wir uns an Dinge klammern, für die wir absolut keine Verwendung haben. Verstehen Sie mich nicht falsch: Ich finde das einen unglaublich schönen und wahrlich menschlichen Zug. Doch stellen Sie sich umgekehrt vor, Sie wären gestorben. Würden Sie wollen, dass Ihre Liebsten sich mit Krempel aus Ihrem Nachlass belasten? Oder sollen sie lieber frei und unbeschwert von Sorgen um materielle Dinge leben?

Der japanische Maler Ryuzaburo Umehara verbat sich in seinem Testament eine öffentliche Beisetzung und Beileidsbekundungen. Er meinte, die Lebenden sollten damit nicht – nur der Toten zuliebe – behelligt werden.

Meiner Ansicht nach sollten wir lieber versuchen, uns an die Worte eines verstorbenen Freundes oder Verwandten zu erinnern, und die Dinge schätzen, die er zu Lebzeiten für uns tat, anstatt uns mit seinem Krempel zu beschweren.

37

Erinnerungsstücke wegzuwerfen, heißt nicht, Erinnerungen wegzuwerfen.

Tatsuya Nakazaki, der Schöpfer des Comics *Jimihen*, betreibt seinen Minimalismus radikal. In seinem Buch *Motanai otoko* (Der Mann ohne Besitz) schreibt er: »Ich glaube nicht an einen Zusammenhang zwischen der Vergangenheit und Fotos, Erinnerungsstücken oder Tagebüchern. Selbst wenn wir Fotos und Dinge wegwerfen, die uns an schöne Augenblicke erinnern, besteht die Vergangenheit doch in unserem Gedächtnis fort. Ich halte es für keine große Sache, Dinge zu entsorgen, wir werfen ja nicht die Vergangenheit selbst weg. Entfällt uns tatsächlich einmal eine Erinnerung, dann passt das wahrscheinlich so, dann war sie wohl überflüssig. An das wirklich Wichtige werden wir uns immer erinnern.«

Genau diese Momente zählen: diejenigen, an die wir uns auch ohne die Hilfe materieller Dinge erinnern. Indem wir uns von überflüssigem Krempel trennen, beginnen wir wieder, uns an die wichtigen Dinge aus der Vergangenheit zu erinnern, ohne von all den vielen Erinnerungsstücken abgelenkt zu sein.

38

Große Besitztümer ziehen einen Rattenschwanz nach sich.

Angenommen, Sie kaufen ein Zweithandy. Dann sollten Sie sich darüber bewusst sein, dass Sie nicht nur ein weiteres Telefon erwerben, sondern wahrscheinlich auch eine Hülle für das Gerät, eine Schutzfolie, einen Ladestecker, einen Schutz für die Kopfhörerbuchse und natürlich einen Gurt. In Nullkommanichts haben Sie fünf neue Dinge angehäuft. Dinge ziehen oft einen Rattenschwanz an anderen Dingen nach sich.

Zu Computern lässt sich fast unbegrenzt Zubehör kaufen: Drucker, Scanner, USB-Speichersticks, externe Festplatte, Reinigungsmittel usw. Umgekehrt können wir auch den ganzen Extrakrempel entsorgen, sobald wir uns von unserem Rechner trennen. Nachdem ich meinen Fernseher verkauft hatte, konnte ich auch meine PS3, den Festplattenrecorder und die Heimkinoausrüstung verkaufen, die daran hingen. All die Kabel und Adapter und Netzteile flogen raus. Es lohnt sich gewaltig, sich von seinen großen Besitztümern zu trennen.

39

Unser Zuhause ist kein Museum.

Natürlich tragen manche Menschen außergewöhnliche und erhaltenswerte Sammlungen zusammen. Zum Beispiel der Literaturwissenschaftler Shigeru Kashima, der teure alte Bücher aus Frankreich sammelt. Oder der Designer Shin Sofue, der verschiedene Druckausgaben von Soseki Natsumes literarischem Meisterwerk *Botchan* zusammentrug. Solche Sammlungen sind buchstäblich unbezahlbar und gehören in ein Museum. Der Wirtschaftswissenschaftler Takuro Morinaga, dessen Schwäche für Modellautos legendär ist, hat offenbar tatsächlich ein Museum eröffnet.

Doch für die meisten von uns gilt, dass unsere Sammlungen nicht gerade von unschätzbarem Wert sind, dafür aber zu Hause enorm viel Platz wegnehmen. Wirklich wertvolle Dinge werden fast zwangsläufig von Profis gesammelt und irgendwo würdig untergebracht. Bringen Sie den Mut auf, sich von Ihren Sammlungen zu trennen! Ihr Zuhause ist kein Museum. Gehen Sie in ein Museum, wenn Sie seltene, wunderschöne Dinge betrachten wollen.

40

Seien Sie gesellig und leihen Sie Dinge aus.

Ich war schockiert, als ich in Mai Yururis Buch *Watashi no uchi niwa nanimo nai* (In meinem Haus gibt es nichts) las, sie habe sogar das Jahrbuch ihrer Highschool weggeworfen. Damit, fand ich, hatte sie ihrem Spitznamen *Sute-hentai* (Die Spinnerin, die alles wegwirft) alle Ehre gemacht. Erst später ging mir auf, dass sie ja kein unersetzliches Einzelstück weggeworfen hatte – schließlich besaßen Hunderte ihrer Jahrgangskameraden das Buch noch.

Wir halten auch deshalb so zwanghaft an unserem Besitz fest, damit wir bloß nicht jemand anderen um etwas bitten müssen. Doch damit schotten wir uns von unserer Umwelt ab. Sollte Mai wirklich das Bedürfnis überkommen, in ihrem alten Jahrbuch zu blättern, braucht sie einfach nur eine alte Freundin anzurufen und sie zu bitten, es sich anschauen zu dürfen. Und die Freundin wird sich bestimmt nicht darüber aufregen, vielmehr wird sie vermutlich die Chance beim Schopf ergreifen, ein bisschen mit Mai in der Vergangenheit zu schwelgen. Wer eine solche Bitte ausschlägt, ist kein Freund. Solange man sich dafür bedankt, wird diese Bitte sicher nicht als Belästigung empfunden, ganz im Gegenteil pflegt man auf diese Weise die Freundschaft.

41

Mieten Sie, was sich mieten lässt.

Heutzutage kann man im Internet eine verblüffende Vielzahl an Dingen mieten. Gegenstände, die man höchstens einmal im Jahr verwendet, sollte man besser mieten statt kaufen. In Japan werden jedes Jahr massenhaft Teleobjektive gemietet, wenn Schulen ihre Sportfeste ausrichten – von Eltern, die ihre Kinder möglichst schön ins Bild bekommen möchten. Leihen Sie sich Koffer, wenn Sie nur selten verreisen. So sparen Sie sich den Stauraum für ungenutzte Gepäckstücke. Wer Unterlagen ordnen will, die sich über das Jahr angehäuft haben, kann einen Scanner ausleihen und alle Dokumente in PDFs umwandeln. Ebenso können Sie Kleidung mieten, die Ihre Kinder nur ein einziges Mal im Leben tragen, einen Hochdruckreiniger für bestimmte Aufgaben, eine Kletterausrüstung, ein Tauchgerät und sogar Haute Couture.

Warum leihen Sie sich Sachen nicht einfach probehalber aus und kaufen sie sich, wenn Sie sie oft und begeistert benutzen? Angesicht des Aufwands, mit dem Eigentum oft gepflegt werden muss, ist Ausleihen eine überraschend praktische und günstige Lösung.

42

Holen Sie sich Minimierungsansporn in sozialen Medien.

Ein nützlicher Trick, wenn man eine Diät macht, besteht darin, möglichst vielen Leuten davon zu erzählen. Diese Methode funktioniert auch beim Entrümpeln. Versucht man es ganz allein, fallen einem schnell 1.000 Ausflüchte ein, doch uns allen ist wichtig, was die anderen von uns halten. Warum sollten wir das nicht zu unserem Vorteil nutzen? Kündigen Sie beispielsweise über soziale Medien an, Ihren Kleiderschrank auf die Hälfte zu reduzieren, und schildern Sie den Prozess. Posten Sie Fotos von Dingen, die Sie entsorgen, oder von Ihrem sich allmählich leerenden Kleiderschrank. Vielleicht spornen Ihre Freunde Sie an, was Ihre Motivation steigern wird.

In meinem Blog habe ich auch einige Fotos von meiner Wohnung gepostet. Das trieb mich sicher zusätzlich an. Heute verschenken viele Minimalisten nicht länger benötigte Dinge über soziale Medien. So vermeiden sie Schuldgefühle, schließlich finden ihre alten Sachen auf diese Weise noch eine nützliche Verwendung.

43

Was wäre, wenn Sie ganz von vorn anfingen?

In der nachdenklich stimmenden Dokumentation *My Stuff* lagert der Hauptdarsteller sein gesamtes Hab und Gut in einem Self-Storage-Raum ein und gestattet sich lediglich, jeden Tag *eine* Sache wieder herauszuholen. Am ersten Tag steht er buchstäblich nackt da, nur mit einer Zeitung bedeckt läuft er zum Self-Storage-Lager. Er holt einen Mantel und schläft auf dem nackten Boden.

Der Film ist ein Experiment zum Thema »Was zählt wirklich?«. Spielen Sie das Ganze einmal in Gedanken durch. Was wäre für Sie wirklich wichtig, wenn Sie bei Null anfingen, wenn Einbrecher Ihre Wohnung völlig leergeräumt hätten? Wenn Sie nächste Woche umzögen? Wahrscheinlich liegt auch bei Ihnen jede Menge Zeug herum, das Sie aus keinem bestimmten Grund besitzen. Setzen Sie gedanklich alles auf Anfang, dann zeigt sich schon, welche Dinge wirklich unverzichtbar sind.

44

Sagen Sie »bis später«, bevor Sie »Tschüss« sagen.

Zögern Sie noch, sich von einem bestimmten Gegenstand zu trennen? Dann lagern Sie ihn eine Zeit lang zwischen. Viele Minimalisten bedienen sich dieser Technik, Gegenstände, die sie noch nicht weggeben wollen, in eine Kiste zu stecken und im Schrank zu verstauen. Der Trick besteht darin, die Dinge an einen Ort zu räumen, wo sie nicht hingehören. Man kann sie sogar in einen Müllsack stecken, sodass sie schon zur Entsorgung bereitstehen. Doch man wirft sie noch nicht sofort weg.

Nach einer Woche oder einem Monat – abhängig von der Art der Gegenstände – merken Sie dann, dass Sie prima ohne sie auskommen. Sollten Sie während dieser Zeit den einen oder anderen Gegenstand herausholen müssen, behalten Sie ihn vorerst.

Indem Sie »bis später« sagen, legen Sie eine gewisse Distanz zwischen sich und Ihren Besitz. Das schärft den Blick dafür, was er für Sie bedeutet. Ich finde es amüsant, dass unsere Beziehungen zu Dingen mitunter durchaus den Beziehungen zu anderen Menschen ähneln.

45

Trennen Sie sich von optischen Krawallmachern.

Die Dinge in meinem Zuhause sind weiß, beige, grau und holzfarben, sie harmonieren farblich und schmeicheln dem Auge. Diese Balance würde durch leuchtende Neonfarben, aber auch schon durch knallige Primärfarben gestört – die Farben würden zu stark hervorstechen und die friedvolle Atmosphäre stören. Stellen Sie sich nur eine lindgrüne Flasche Haushaltsreiniger mit rosa Verschlusskappe vor. Reinigungsmittel haben oft auffällige Verpackungen, vermutlich zur Warnung vor möglichen Gefahren.

Giftige Tiere signalisieren uns oft über grelle Farben, dass man ihnen besser fern bleibt. Diese Farben sollen nicht entspannend wirken, sie stechen unwillkürlich ins Auge. Kleine, bunt verzierte Dinge beleben einen Raum, große Gegenstände in knalligen Farben hingegen ermüden das Auge, man sieht sich schnell an ihnen satt. Zurückhaltende Objekte in gedeckten Farben lassen einen nicht so schnell abstumpfen, deshalb kann man sie in der Regel länger behalten.

46

Eins rein, eins raus.

Eine der goldenen Regeln des Minimierens lautet: Bevor man etwas Neues kauft, wirft man etwas Altes weg. Selbst während des Ausmistens werden Sie noch neue Dinge kaufen. Machen Sie es sich in dieser Phase zur Regel, zwei oder drei Dinge zu entsorgen, ehe Sie etwas Neues anschaffen. Hat man sich dann aufs Minimum reduziert, gilt »eins rein, eins raus«.

Bei der Garderobe kann man zum Beispiel die Zahl der Kleiderbügel beschränken. Das zwingt zu Zurückhaltung: Man kann seine Garderobe gar nicht erweitern, weil einem die Möglichkeit zum Aufhängen fehlt.

Natürlich gilt diese »Eins rein, eins raus«-Regel für gleichartige Dinge. Kaufen wir etwa eine neue Jacke, fliegt eine alte Jacke raus. Es wäre ja kein Schritt in Richtung Minimalismus, sich einen neuen Mikrowellenofen zu kaufen und dafür einen alten Radiergummi wegzuwerfen, oder?

47

Vermeiden Sie den Concorde-Denkfehler.

Kennen Sie den Ausdruck, man dürfe schlechtem Geld kein gutes hinterherwerfen? Ein Musterbeispiel dafür bietet die Concorde, ein Überschall-Verkehrsflugzeug, dessen Entwicklung etwa vier Milliarden Dollar verschlang. Selbst als sich längst abzeichnete, dass sich das Projekt wirtschaftlich niemals rechnen würde, subventionierten es die Regierungen von Frankreich und Großbritannien weiter, bis letztlich Verluste von zirka zehn Milliarden Dollar aufgelaufen waren. Oft widerstrebt es uns, den Stecker von Projekten zu ziehen, in die wir viel Zeit, Geld und Energie gesteckt haben, selbst wenn die Aussichten rabenschwarz sind.

Wir begehen ständig Fehler dieser Art. Einmal kaufte ich ein Trekkingrad für lächerliche 5.000 Yen (40 Euro) und fuhr auch wirklich regelmäßig damit. Dann zog ich los, kaufte einen kompletten Satz Werkzeug und baute lauter neue Komponenten ein, nach der Logik »Was sind schon weitere 10.000 Yen (80 Euro), schließlich habe ich das Rad doch so billig bekommen?« Letztlich kostete mich das Rad dann mehr als 400 Euro. Grr! Dieser Effekt lässt sich auch bei Upgrades und In-App-Käufen von Smartphone-Spielen beobachten. Wir wissen oft einfach nicht, wann wir aufhören müssen, und verschwenden letztlich viel zu viel Zeit und Geld. Hüten Sie sich vor Dingen, die zu Concorde-Denkfehlern verführen.

48

Gestehen Sie sich Fehler rasch ein und lernen Sie daraus.

Das passiert uns allen gelegentlich: Wir gehen shoppen, kaufen ein Outfit, das uns im Laden gut steht, bringen es nach Hause, tragen es ein paar Mal und lassen es dann unbeachtet im Schrank hängen. Noch haben wir unser Geld nicht wieder »reingeholt«, weshalb es uns schwerfällt, das Outfit wegzuwerfen oder zu verschenken. Schließlich ist es noch fast neu. Warum unterläuft uns dieser Fehler immer wieder?

Vielleicht gefiel uns das Outfit gar nicht *so* gut, aber die Verkäuferin war so nett. Oder es stand uns gar nicht übermäßig gut, doch wir haben es einmal an jemand anderem gesehen, bei dem es toll aussah. Es gab also Warnsignale, aber wir haben sie angesichts der scheinbaren Vorzüge übersehen. Ich mache diesen Fehler ab und zu immer noch.

Nach Fehlkäufen dieser Art sollte man sich schnellstmöglich von den betreffenden Kleidungsstücken trennen. Es schmerzt einfach, immer wieder mit Dingen konfrontiert zu werden, die einem ins Gesicht sagen: »Dummer Fehler!« Akzeptieren wir unsere Fehler, ziehen wir die Konsequenzen und machen wir es beim nächsten Mal besser.

49

Betrachten Sie »einkaufen« als »mieten«.

Einer meiner Freunde kauft viele Klamotten, hebt aber penibel alle Preisschilder auf. Er trägt die Sachen eine Saison lang, dann versteigert er sie samt Preisschild. Dank der Etiketten bekommt er bessere Preise, manchmal sogar mehr als den ursprünglichen Kaufpreis. In seinen Augen »mietet« er die Klamotten vorübergehend, dann gibt er sie (an jemand anderen) zurück.

Ich finde diese Idee faszinierend. Betrachtet man seine Klamotten lediglich als »gemietet«, behandelt man sie gleich pfleglicher. Dann gibt man sie in einem Superzustand weiter und nichts wird verschwendet. Wer seine Erwerbungen als vorübergehenden Besitz betrachtet, bleibt demütig und würdigt sie mehr.

50

Nehmen Sie nichts, weil es billig oder geschenkt ist.

Kaufen Leute etwas, das 50 Euro wert ist, für 20 Euro, glauben sie, sie hätten 30 Euro gespart. Sie fühlen sich, als hätten sie tatsächlich 30 Euro dafür bekommen, dieses Produkt zu kaufen. Doch dabei vergessen sie, wie viel Platz dieses Ding bei ihnen zu Hause wegnehmen wird.

Rechnen wir das einmal mit meiner Miete durch. Ich bezahle monatlich 67.000 Yen (gut 500 Euro) für 20 Quadratmeter, also etwa 25 Euro pro Quadratmeter. Angenommen, der Gegenstand, den ich für 20 Euro gekauft habe, ist eine Kommode mit einem Quadratmeter Grundfläche. Dann würde die »Ersparnis« beim Kaufpreis sofort von der anteiligen Miete aufgefressen. Es ist gefährlich, etwas allein deswegen zu kaufen, weil es billig ist.

Selbst geschenkte Dinge verursachen Kosten. Jedes Stück Besitz beansprucht Hirnkapazität. Es erfordert Zeit und Mühe, Gegenstände zu pflegen. Selbst »kostenlose« Dinge ziehen also Kosten nach sich.

51

Wenn Sie nicht »Unbedingt, ja!« sagen, heißt das »Nein«.

Bei der Entscheidung, ob wir etwas wegwerfen wollen, bleiben wir beim Abwägen von »Pro« und »Contra« oft geistig stecken. Das bedeutet aber schlicht, dass in unseren Augen keine Seite klar überwiegt. Wir versuchen also nicht, uns zwischen einem Geschenk im Wert von 100 Euro und einem im Wert von 10 Euro zu entscheiden – wir schwanken zwischen 1 Euro und 1,01 Euro hin und her.

Solange wir den Unterschied für unerheblich halten, sollten wir ruhig mutig sein und den Gegenstand rauswerfen. Mein Rat: Wenn Sie bei einem Gegenstand auch nur zögern, ob Sie ihn behalten wollen oder nicht, dann weg damit!

Mir gefällt das Motto: »Wenn man nicht ›Unbedingt, ja!‹ sagt, heißt das ›Nein‹«. Danach sollten wir auch beim Entrümpeln vorgehen. Sobald man die Frage »Soll ich das behalten?« nicht mit einem »Unbedingt, ja!« beantworten kann, bedeutet das »Nein«. Das hilft uns dabei, alles zu entsorgen, außer jenen Dingen, von denen wir uns absolut nicht trennen wollen. Und wir werden ganz prima zurechtkommen.

52

Die Dinge, die wir wirklich brauchen, finden immer zu uns zurück.

Die meisten von uns fürchten sich davor, sich endgültig von ihren Dingen zu trennen. Wer weiß, ob man sie nicht vielleicht doch noch einmal braucht? Doch diese Angst führt zu vollkommener Lähmung. Dabei gibt es heutzutage praktisch alles im Internet zu kaufen, sei es in Online-Antiquariaten oder auf eBay & Co.

Höchstwahrscheinlich werden Sie nach dem Ausmisten keinem einzigen Ding hinterhertrauern, sollte das aber doch einmal passieren, kaufen Sie es halt nach. Irgendjemand da draußen verhökert bestimmt gerade genau den Gegenstand, den Sie so unbedingt wieder haben wollen. Sollte der Verlust eines Unikats Ihnen wirklich den Schlaf rauben, können Sie den neuen Besitzer immer noch bitten, es Ihnen zurückzugeben. Es gibt nur ganz wenige Dinge, die sich überhaupt nicht wiederbeschaffen lassen.

53

Bleiben Sie dankbar.

Wir trennen uns von Geschenken, von Erbstücken, von Dingen, für die wir überhaupt keine rechte Verwendung haben – und umarmen im Augenblick der Trennung unser Gefühl von Dankbarkeit.

Wir danken dem Menschen, der uns dieses Ding geschenkt hat, das wir dann leider nicht brauchen konnten. Unnütze Geschenke ärgern uns, auch wenn wir es uns nicht eingestehen. Wer trotz dieses Grolls an einer Sache festhält, verhält sich dem Schenker gegenüber respektlos und vergeudet seine eigene Energie.

Viel schöner wäre es meiner Ansicht nach, dem Schenker im Geiste noch einmal zu danken, bevor man sich endgültig von einem Ding verabschiedet. Diese Dankbarkeit bleibt uns – auch wenn wir das Ding entsorgt haben –, und genau das zählt.

54

Wegwerfen kann eine Verschwendung sein. Doch die Schuldgefühle, die Sie vom Wegwerfen abhalten, sind die wahre Verschwendung.

Ich stimme dem voll und ganz zu: Funktionstüchtige Dinge wegzuwerfen, ist eine Verschwendung. Mir widerstrebt es, Dinge einfach in den Müll zu schmeißen, und ich versuche, mein Zeug so loszuwerden, dass jemand anderes noch etwas davon hat.

Die wahre Verschwendung aber liegt in dem seelischen Schaden, den man nimmt, wenn man sich an nutzlose Dinge klammert. Ständig fühlt man sich schuldig – beim Betrachten unnützer Geschenke oder überflüssiger Einkäufe. Die Sachen sind noch prima in Schuss und es wäre eine Verschwendung, sie zu entsorgen. Behalten Sie sie aber, stellen Sie damit sicher, dass Sie auch heute, morgen und in Zukunft Schuldgefühle haben werden. Darin besteht in meinen Augen die wahre Verschwendung.

55

Die Dinge, von denen wir uns verabschieden, sind genau die, an die wir uns ewig erinnern werden.

Ich habe alle je erhaltenen Briefe gescannt und die Originale weggeworfen. Darunter befindet sich einer, den ich nie vergessen werde. Meine Mutter beschrieb mir damals, als ich von daheim auszog, um in Tokio zu studieren, welche Züge ich vom Flughafen Haneda in die Stadt hinein nehmen müsse. Erst die Monorail, dann die Yamanote-Linie, dann die Seibu-Shinjuku-Linie und so weiter. Ich habe keinen guten Orientierungssinn und damals gab es keine Smartphones. Wie hat sich wohl meine Mutter gefühlt, als sie mir diese Notiz schrieb?

Mir war ganz entfallen, dass ich diese handgeschriebene Wegbeschreibung noch hatte, sie steckte tief in dem Berg aus meinen aufbewahrten Briefen. Erst als ich mich daran machte, alles auszumisten, ging mir auf, wir teuer mir dieser Zettel war. Wie bereits gesagt: Sich von Dingen zu trennen, heißt nicht, Erinnerungen wegzuwerfen. Manchmal sorgt genau dieser Akt des Verabschiedens dafür, dass bestimmte Erinnerungen sich für die Ewigkeit einbrennen.

15 zusätzliche Tipps für die nächsten Schritte auf dem Weg zum Minimalisten

1

Weniger Besitz bedeutet nicht weniger Zufriedenheit.

Der amerikanische Dichter Allen Ginsberg sagte einmal, seinem Teppich doppelt so viel Aufmerksamkeit zu schenken, sei gleichbedeutend damit, zwei Teppiche zu besitzen. Die Anzahl von Dingen in Ihrem Besitz hat keinerlei Einfluss auf die Zufriedenheit, die Sie daraus beziehen.

Es heißt, etwas zu besitzen, bedeute zu wissen, dass man es besitzt und sich dieses Besitzes sehr bewusst zu sein. So funktioniert unser Gehirn. Da finde ich es doch besser, sich einer kleinen Menge geliebter Dinge voll und ganz bewusst zu sein, als sich eines chaotischen Riesenhaufens an Sachen nur vage bewusst zu sein. Minimalismus hilft, die Zufriedenheit, die man aus seinen Sachen schöpft, zu verdoppeln oder zu verdreifachen.

Eine geliebte, unersetzliche Kaffeetasse verschafft uns viel mehr Freude als zwei, drei beliebige Kaffeetassen, an denen unser Herz nicht hängt. Die Zahl der Habseligkeiten zu verringern, heißt nicht, die Freude am Besitz zu schmälern.

2

Schaffen Sie sich eine eigene Uniform.

Steve Jobs trug immer die gleichen Klamotten: einen schwarzen Rollkragenpullover von Issey Miyake, eine Levi's 501 und New-Balance-Turnschuhe – selbst bei öffentlichen Auftritten. Der Facebook-Gründer Mark Zuckerberg steht offenbar auf graue T-Shirts. Albert Einstein soll immer ähnliche Jacketts getragen haben. Alle drei verwendeten ihre Zeit offenbar lieber darauf, über wichtige Dinge nachzudenken, als grübelnd vor dem Kleiderschrank zu stehen oder Modetrends hinterherzulaufen.

Wir brauchen nicht viele Klamotten, um stets sauber und bequem angezogen zu sein. Auch wenn alle anderen den aktuellsten Moden hinterherzuhecheln scheinen, zeugt es von einem gewissen Stil, immer das Gleiche zu tragen, eine ganz eigene Uniform, die perfekt zur Persönlichkeit passt. Klar, manche Leute werden sich über Sie den Mund zerreißen, weil Sie immer gleich angezogen herumlaufen, doch das gibt sich schnell. Ich finde ja auch, Mode macht Spaß, man darf es nur nicht übertreiben.

3

Wir entdecken unsere Unverwechselbarkeit, sobald wir weniger besitzen.

Was macht einen Menschen Ihrer Meinung nach unverwechselbar? Ein neongrünes Strähnchen im Haar? Ein auffälliger Ring durch die Lippe? Ist ein Mann im Rock unverwechselbar? Oder schon jemand mit einer schrillen, übergroßen Smartphone-Hülle? Meiner Ansicht nach hat wirkliche Originalität überhaupt nichts mit solchen Accessoires zu tun. Alle Minimalisten, die ich kenne, sind unverwechselbare, ziemlich coole Individuen, auch wenn sie sich oft geradezu langweilig kleiden.

Viele Menschen fürchten offenbar, sie würden ihre Individualität verlieren, wenn sie sich von ihrem Besitz trennen. Dabei trifft genau das Gegenteil zu. Betrachten Sie beispielsweise alte Fotos bekannter europäischer Künstlerfamilien. Die Männer tragen alle ähnliche Anzüge und Hüte, sie rauchen alle Zigaretten und sind von den gleichen Besitztümern umgeben. Und doch haben diese Menschen unglaublich originelle Kunst und Literatur geschaffen.

Vergessen Sie nie: Ihre Erfahrungen machen Sie einzigartig, nicht Ihre Habseligkeiten. Entdecken Sie Ihre Einzigartigkeit wieder – sie liegt unter all dem Krempel begraben, der Sie ablenkt.

4

Werfen Sie etwas weg, wenn dieser Gedanke Ihnen zum fünften Mal kommt.

Jeden Tag gehen uns etwa 60.000 Gedanken durch den Kopf. Ich versuchte einmal, den Verlauf meiner Gedanken zu verfolgen, und stellte fest, dass sie wirklich in alle möglichen Richtungen flitzen.

Ich betrachte die leere Tasse vor mir auf dem Tisch und schmecke den Kaffee noch auf meiner Zunge. Ich berühre meine Lippen, möchte mir die Zähne putzen. Ach ja, ich brauche eine neue Zahnbürste. Dabei fällt mir ein, kürzlich geschah Folgendes ... und so fort. Unser Bewusstsein besteht aus einer endlosen Gedankenkette. Ein einzelner Gedanke von 60.000 fällt da gar nicht weiter auf.

Auch wenn Sie noch gar nicht beschlossen haben, einen bestimmten Gegenstand wegzuwerfen, haben Sie es beim Betrachten des Gegenstands vielleicht schon erwogen. Sobald Ihnen das fünf Mal passiert ist, sind Sie bereit, sich von diesem Ding zu trennen. Aus diesen fünf flüchtigen Gedanken werden bald 100 und dann 1.000, wenn Sie nicht handeln.

5

Erfahrene Minimalisten können die »Bis später«-Phase überspringen.

Hierbei handelt es sich um ein Upgrade von Tipp 44 für Menschen, die sich schon auf gutem Weg zu einem minimalistischen Leben befinden: »Im Zweifelsfall weg damit.«

Einer der letzten Gegenstände, von denen ich mich trennte, war mein Fernseher und ich hatte erhebliche Bedenken dabei. Würde ich meine Arbeit noch vernünftig machen können, wenn ich aktuelle Entwicklungen nicht mehr mitbekam? Würde es mich von meinen Freunden entfremden, wenn ich die gerade angesagten Serien nicht mehr kannte? Ich beruhigte mich mit dem Gedanken, dass ich mir bei Bedarf jederzeit ein neues Gerät kaufen könnte. Aber wissen Sie was? Der Wunsch kam nie auf.

Ein einziges Gerät kaufte ich wieder, nachdem ich mich davon getrennt hatte: einen Fußmassierer von Omron. Ich liebe ihn so sehr, dass ich sogar die Modellnummer auswendig kenne. Einen kaufte ich meiner Mutter, meinen eigenen schenkte ich meinem Bruder. Doch wie sich herausstellte, vermisste ich das wunderbare Gefühl, sich die Füße von diesem kleinen Ding massieren zu lassen. Also zog ich los und kaufte es mir neu. Später spürte ich dann, dass ich so weit war, mich von ihm zu trennen, und verkaufte ihn. Sollte ich mir zum dritten Mal einen zulegen, behalte ich ihn wahrscheinlich für immer.

6

Unannehmlichkeiten können uns glücklicher machen.

Kürzlich trennte ich mich von allen Bade- und Handtüchern, die ich zu Hause hatte, und stieg auf ein einziges *tenugui* um, ein dünnes japanisches Handtuch – ein geniales, vielseitig verwendbares Teil, das in Nullkommanichts trocknet. Ich verwende es, hänge es wieder auf und wenn ich es das nächste Mal brauche, ist es schon wieder trocken. Ich benutze es, um mir damit meine Hände, das Geschirr und nach dem Duschen den Körper abzutrocknen. Meine alten Handtücher machten zusammen zwei Drittel meiner Wäsche aus. Ohne all die weichen, flauschigen – aber auch voluminösen – Hand- und Badetücher fällt jetzt viel weniger Wäsche an.

Wie im zweiten Kapitel erläutert, empfinden Menschen nur Veränderungen als Reize und an die Flauschigkeit unserer Handtücher haben wir uns längst gewöhnt. Klar, ein übergroßes, fluffiges Badehandtuch fühlt sich viel angenehmer an als ein einfaches Handtuch. Doch an Unannehmlichkeiten gewöhnen wir uns ebenso schnell wie an Annehmlichkeiten. Da ich im Alltag ein *tenugui* verwende, verschafft es mir großen Genuss, mich gelegentlich in ein richtiges Badetuch zu wickeln. Ich habe die Schwelle zum Glück einfach gesenkt, indem ich auf ein *tenugui* umgestiegen bin. Und wenn schon ein einfaches Badetuch glücklich machen kann, findet sich das Glück wirklich überall.

7

Geben Sie selbst Dinge weg, die einen Funken von Freude erzeugen.

Wenn Sie sich für ein minimalistisches Leben entschieden haben, kommt irgendwann der Augenblick, sich von ein, zwei Dingen zu trennen, die Funken von Freude erzeugen. Ich liebe Kroatien und von einem Besuch dort brachte ich ein Souvenir mit, das mein Herz zum Tanzen brachte: ein scharlachrotes Tonkreuz mit einem filigranen, von Hand gemachten Muster. Die Farben, die glatte Oberfläche, das beruhigende Gewicht – ich liebte alles daran. Der Umstand, dass ich es in einem fremden Land auf der Straße entdeckt hatte, nicht in einem Andenkenladen, bereitete mir zusätzlich Freude.

Das von einem örtlichen Künstler gemachte Kreuz erzeugte Funken von Freude in mir – auch noch, kurz bevor ich es weggab. Trotzdem bin ich froh, dass ich mich dazu überwand. Seitdem gehe ich auf Reisen nicht mehr auf Andenkenjagd. Ich folge dem Beispiel von Schnüffel – einem der Charaktere in Tove Janssons *Mumin* – und betrachte Souvenirs nur noch, egal wie sehr sie mich zum Kauf verlocken. Das erlaubt mir, mich mehr auf die Reise selbst zu konzentrieren. Und was ist das Leben anderes als eine Reise? Seien Sie mutig und trennen Sie sich von Dingen, die Funken von Freude erzeugen – Sie können gewaltig davon profitieren.

8

Minimalismus bedeutet Freiheit. Je früher Sie sie erleben, desto besser.

Der Großteil unseres Besitzes hat rein persönlichen Wert: Reiseandenken, geliebte, vom vielen Lesen zerfledderte Bücher, Briefe von teuren Menschen, Fotos unvergesslicher Momente. Die Mühe, die es uns gekostet hat, ein bestimmtes Ding zu bekommen, der Preis, den wir bezahlt haben, um es zu erwerben, die Geschichte drumherum – all das steigert den Wert, den wir einem Ding beimessen. Doch egal wie teuer uns ein Gegenstand ist, egal wie wunderbar wir ihn finden: Andere Menschen werden ihn nicht so hoch schätzen, in ihren Augen handelt es sich einfach um einen beliebigen Gegenstand.

Diese Erkenntnis kam mir, als ich darüber nachdachte, was nach meinem Tod passieren würde. Für meine Angehörigen würde mein ganzer Krempel nur eine Bürde darstellen. Indem ich meinen Besitz reduzierte, minimierte ich auch den Ärger, den meine Angehörigen nach meinem Ableben haben werden. Eigentlich ist das ja ein trauriges Thema, doch irgendwie finde ich diesen Gedanken befreiend. Nun, da sich mein Nachlass quasi von selbst erledigt, fühle ich mich stärker und freier, den nächsten Schritt in meinem Leben zu tun.

Maximalist

Minimalist

Minimalist werden

Beide Fotos auf der gegenüberliegenden Seite zeigen meine alte Wohnung. Ich konnte nichts wegwerfen. Wie Sie sehen, türmte sich der Krempel bei mir nur so. Zehn Jahre lang lebte ich in dieser Wohnung und während dieser Zeit schien mein Leben stillzustehen. Dann erfuhr ich vom Konzept des Minimalismus – der Idee, Besitz auf das absolut Notwendige zu reduzieren. Danach wandelte ich mich vom chaotischen Maximalisten zum Minimalisten. Ich verabschiedete mich von fast all meinen Dingen und stellte zu meiner Überraschung fest, dass sich während dieses Prozesses auch meine Persönlichkeit veränderte.

Wie ich Minimalist wurde

1. Mithilfe der Techniken, die ich im dritten Kapitel beschreibe, verwandelte ich dieses vollgestopfte Zimmer in einen Frei-Raum.
2. Ich trennte mich von all meinen Büchern, sogar von Schreibtisch und Stuhl. Ich nenne das »einfaches« Leben statt »minimalistisches« Leben.
3. Zuletzt trennte ich mich von Matratze, Tisch und sogar meinem Fernseher. Oft fühle ich mich wie ein Zen-Mönch während der Ausbildung.

Maximalistisches Leben

1. Ich ließ meine Klamotten herumliegen, was mir irgendwie das seltsame Gefühl gab, in einer Kunst-Installation zu leben.
2. Ich trank an meinem vermüllten Tisch Bier, knabberte Snacks und spielte Videospiele. Natürlich nahm ich zu. Minimalismus half mir auch hierbei.
3. Ich kaufte alte Fotoapparate und seltsame Lampen auf Online-Auktionen.
4. Mein Flur, dessen Wände früher von Bücherregalen gesäumt waren. Ich häufte CDs und DVDs an, schätzte sie aber dann gar nicht.

BEISPIEL 1

FUMIO SASAKI

Modell-Wohnung eines Minimalisten

Nach meinem Auszug aus der alten Wohnung mietete ich ein einfaches 20-qm-Apartment mit Küche. Ich versuche, diese Musterwohnung für einen minimalistischen Single möglichst sauber zu halten.

BEISPIEL 1

FUMIO SASAKI

So sieht die Wohnung aus, wenn ich schlafe. Ich verwende eine »luftige Matratze« von Iris Ohyama, ein Muss für japanische Minimalisten. Sonnenlicht strömt durch die Fenster, ich freue mich jeden Tag aufs Aufwachen.

Obwohl ich gelegentlich koche, ist mein Geschirr auf ein Minimum reduziert. Auch das Design ist minimalistisch, das Abspülen geht schnell.

Hier ein Blick in meinen Kleiderschrank. Daunenweste, Anzug, ein paar weiße Hemden und einige Hosen, die sich damit kombinieren lassen. Damit schuf ich meine persönliche Uniform, ganz wie Steve Jobs.

Ich habe kein Badezimmerregal. Haare und Körper wasche ich mit Flüssigseife, nach dem Duschen trockne ich mich mit einem kleinen Handtuch ab.

Meine Wohnungs- und Fahrradschlüssel hänge ich an eine dünne Geldbörse von AbrAsus. Ich brauche nur Geldbörse und iPhone einzustecken und kann hinausgehen, wann immer mir danach ist.

BEISPIEL 2

HIJI

Die Wohnung eines Pioniers

Hiji gehört zu den Pionieren der Minimalismus-Bewegung in Japan. In seiner einfachen Zen-mäßigen Wohnung hat er einige der modernsten Gimmicks.

PROFIL

Hiji arbeitet aktuell als Wertpapierhändler. Er ist ein Fan von Mangas und der Popgruppe Momoiro Clover Z. Hiji war einer der ersten Minimalismus-Blogger in Japan. Blog: Mono o motanai minimarisuto (Ein besitzloser Minimalist) bei minimarisuto.jp.

Als Hardcore-Minimalist lässt Hiji nichts herumliegen. Die Küche verfügt lediglich über Kühlschrank, Reiskocher und Mikrowelle.

Die »luftige Matratze« wurde für Minimalisten zum Muss, nachdem Hiji über sie berichtet hatte. Zusammenfalten, das Kissen drauf, und fertig ist die »Matratzen-Couch«.

Da bei ihm nichts am Boden herumsteht, hat Hiji jede Menge Platz für Brettspiele mit Freunden. Carcassonne gehört zu seinen Favoriten.

Ist das ein aufgeräumter Schrank, oder was? Microsoft Surface Pro und Klappstuhl rausziehen, und fertig ist das Büro.

Hier trägt Hiji eine Videobrille von Sony. Er trennte sich von seinem Fernseher, kann aber weiterhin seine Lieblingssendungen ansehen – Horrorfilme sind besonders gruselig, wenn man sie auf diese Weise anschaut.

BEISPIEL 3

OFUMI UND TEE

Ein minimalistisches Paar, das höchst komfortabel lebt

Ofumi und ihr Mann trennten sich von 130 Kilo Krempel und zogen aus einer 78-qm-Wohnung in eine 44-qm-Wohnung. Sie erfreuen sich weiterhin an ihren Lieblingssachen und leben gleichzeitig minimalistisch.

PROFIL

Ofumi und Tee erzählen, sie hätten zum Minimalismus gefunden, als sie im Begriff standen, ein Haus zu bauen. Beide haben ihren eigenen Blog: *Minimarisuto-biyori* (Ein schöner Tag für einen Minimalisten) bei mount-hayashi.hatenablog.com und *Okurete kita minimarisuto* (Der späte Minimalist) bei minimaltee.hateblo.jp. Ofumi ist auch unter @ofumi_3 bei Instagram.

Eine handgemachte hängende Rolle von SOU SOU verleiht diesem aufgeräumten Tatami-Matten-Raum Charakter. Dadurch, finden die zwei, fühlt sich die Mietwohnung eher wie ihr Eigentum an.

Ofumi führt ein illustriertes Tagebuch in ihrem Hobonichi Techo-Planner und veröffentlicht es auf ihrem Blog. Allein schon die Farben und Skizzen sind ein Genuss.

Ausgesuchte Geschenke von Freunden werden liebevoll ausgestellt. Die beiden verlassen nie den schmalen Grat zwischen »zu nüchtern« und »zu aufgeregt«.

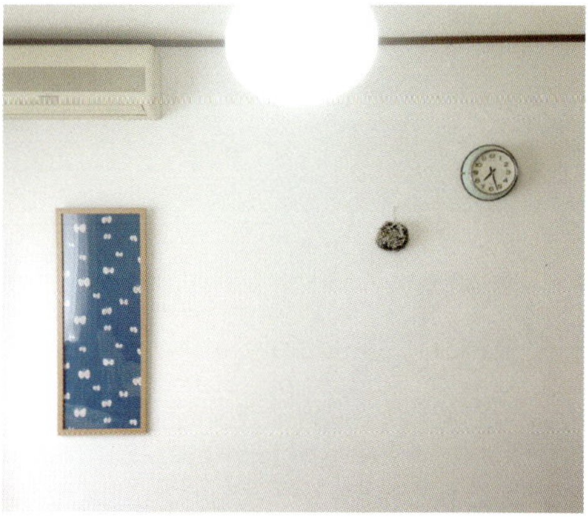

Die Wohnzimmerwand ist mit einem Handtuch von Mina Perhonen und einer einfachen Uhr verziert. Das ist süß, vermittelt aber auch ein Zengarten-mäßiges Gefühl von Raum.

BEISPIEL 4

YAMASAN

Minimalistisches Familienleben

Yamasans Zuhause bietet ein Beispiel, wie eine vierköpfige Familie minimalistisch leben kann. In dem durch und durch aufgeräumten Zuhause findet man herrlich zur Ruhe.

PROFIL

Yamasan ist eine minimalistische Supermama mit Mann und zwei Kindern. Sie liebt Heimwerken und strebt nach Schönheit und einer entspannenden Atmosphäre bei sich zu Hause. Ihr Blog, *Sukunai monode sukkiri kurasu* (Mit wenigen Dingen einfach leben) findet sich auf yamasan0521.hatenablog.com.

Yamasan hält ihren Garten einfach. Die Eschen sorgen für Privatsphäre, den Holzzaun hat Yamasan selbst gebaut.

Der Bereich, der vorher die »Familienbibliothek« beherbergte, wurde frei geräumt und dient jetzt als Mehrzweckraum.

Der Wohnbereich, in dem sich die Familie begegnet, bildet das Herzstück des Zuhauses. Zu ihrem »Farb-Minimalismus« gehört, nur Töne zu verwenden, die dem Auge schmeicheln.

Yamasans Sommergarderobe besteht aus acht Kleidungsstücken in minimalistischen Farben. Genüsslich nimmt sie sich die Zeit, diese Kleidungsstücke sorgfältig zu bügeln.

Der japanische Tatami-Raum dient als Schlafzimmer. Alles im Schrank ist weiß, sodass selbst bei geöffnetem Schrank nichts ins Auge sticht.

BEISPIEL 5

KOUTA ITOU

Ein minimalistischer Globetrotter

Über vier Jahre hinweg perfektionierte Kouta Itou seine Ausrüstung über Versuch und Irrtum. Solange er diese Dinge hat, kann er problemlos um den Globus reisen. Mehr als den Inhalt seines Rucksacks braucht er nicht zum Leben.

PROFIL

Kouta ist ein junger minimalistischer Abenteurer, der mit seinem treuen MacBook Pro um die Welt reist und Musik komponiert, wo immer er sich gerade befindet. Eine vollständige Liste seiner Besitztümer finden Sie in seinem Blog *Minimalist Music Producer* auf minimalist-music-producer.com.

1. MACBOOK PRO
Mit seinem MacBook Pro kann Kouta überall auf der Welt komponieren.

2. SAWYER MINI
Ein sehr guter Mini-Wasserfilter, der schädliche Bakterien abtötet. Für den Fall, dass man aus möglicherweise verunreinigten Quellen trinken muss.

3. OUTDOOR-GELDBÖRSE VON GRANITE GEAR
Eine strapazierfähige und leichte Geldbörse für die Wertsachen.

4. SCHLAFSACK VON MONTBELL
Modell Down Hugger 800 #3 für Nächte, die zu kalt für die Hängematte sind.

5. HÄNGEMATTE VON HENNESSY
Eine gewitzte Kombination aus Zelt und Hängematte, für die man nur zwei Aufhängepunkte braucht.

6. STIRNLAMPE VON BLACK DIAMOND
Dient als helle Taschenlampe oder sogar zur Raumbeleuchtung.

7. SPIBELT BASIC
Ein elastischer Bauchgurt, der unter der Kleidung getragen wird und jede Bewegung mitmacht. Erlaubt Kouta, seine Wertsachen immer am Körper zu tragen.

8. SONY MDR-1ADAC
Für echte Soundfetischisten. Diese Kopfhörer sind kompatibel mit Audio in High Resolution und können digitale Datensignale empfangen.

9. IPHONE UND LOKSAK
Das iPhone mit seinen vielfältigen Möglichkeiten ist unverzichtbar. In einem LOKSAK-Beutel untergebracht, kann man es bis 60 Meter Wassertiefe mitnehmen.

10. SONY ALPHA NEX-5N
Eine digitale Systemkamera von Sony. Kouta verwendet dazu ein 30 mm/F2,8-Objektiv von Sigma.

11. AMAZON KINDLE
Koutas Lieblingsreader für unbeschwertes Lesen unterwegs.

12. SHEMAGH
Das universell einsetzbare »Palästinensertuch« lässt sich als Schal, Maske, Hut, Handtuch und sogar als Wasserfilter nutzen.

13. WÄSCHELEINE
Eine praktische Wäscheleine von Sea to Summit, kompakt und so designed, dass die Wäsche nicht herunterrutscht.

14. PASS
Kouta trägt ihn samt Notfall-Geld immer in einem LOKSAK bei sich.

15. TROCKENNAHRUNG
Koutas geliebte Donbei-Nudeln gibt es auch im Beutel, sodass kein Extramüll entsteht.

16. MULTIFUNKTIONS-WERKZEUG VON LEATHERMAN
Kouta verwendet den Leatherman Squirt PS4, der unter anderem mit Schere, Klingen und Nagelfeile ausgestattet ist.

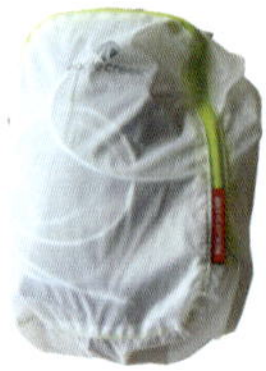

17. NETZKABEL UND LADEGERÄTE
Kouta sammelt alle Kabel seiner Digitalgeräte in einem Silnylon-Packsack von Eagle Creek.

18. RETTUNGSDECKE
Eine Decke für Notfälle – oder den Fall, dass es Kouta kalt ist. Die Decke von SOL ist glatt und fühlt sich nicht unangenehm an.

19. BOSE SOUNDLINK MINI
Dieser Bluetooth-Lautsprecher ist für Kouta unverzichtbar und bietet einen besseren Klang als die meisten ausgezeichneten Stereoanlagen.

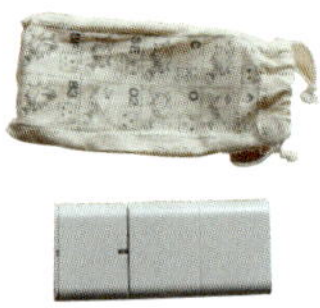

20. ADAPTER FÜR NETZSTECKER
Auf Auslandsreisen unbedingt notwendig. Kouta hat sich wegen des minimalistischen Designs für einen Adapter von Muji entschieden.

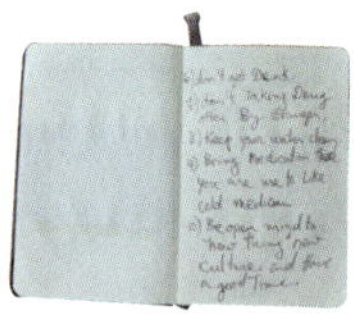

21. MOLESKINE NOTIZBUCH
Kouta führt darin Tagebuch und hält fest, was die verschiedenen Menschen, denen er unterwegs begegnet, sagen.

22. OHRSTÖPSEL VON MOLDEX
Diese Ohrstöpsel reduzieren Lärm aller Art sehr gründlich. Das Modell Goin' Green bietet den besten Schutz.

23. TASCHENSEIFE
Die Reiseseife von Sea to Summit besteht aus einzelnen Seifenblättern, mit denen sich unterwegs ganz einfach Wäsche waschen lässt.

24. KULTURTASCHE
Kouta bringt seine Hygieneartikel, ein Feuerzeug, ein Radio und verschiedene andere Kleinteile in einer Reise-Kulturtasche unter.

9

Wer ausmistet, verringert zwar seinen Besitz, wird aber kein geringerer Mensch.

Wer sich entscheidet, daheim auszumisten, bekommt nicht über Nacht unerklärlichen Hautausschlag, graue Haare oder Arthritis. Kein Nachbar wird Ihnen Ihren Minimalismus ansehen, niemand wird Sie für ihn kritisieren, keine Kinder werden Sie mit Steinen bewerfen. Vielleicht denkt sich der eine oder andere bei Ihrem Anblick: »Der/die ist aber einfach gekleidet!« Mehr nicht.

Geliebte Dinge zu entsorgen, mag sich anfühlen, als reiße man sich Teile seiner selbst ab. Doch vergessen Sie nie: Diese Dinge sind nicht Teil Ihrer selbst, Ihre Liebe zu diesen Dingen ist einzig und allein ein Konstrukt Ihres Verstandes. Sie werden kein geringerer Mensch, nur weil Sie sich von Dingen trennen. Vielleicht erfahren Sie ganz im Gegenteil, dass unter all dem überflüssigen Krempel Ihr wahres Ich zum Vorschein kommt.

10

Befreien Sie sich von vorgefassten Meinungen, wie man Dinge verwenden soll.

Sie haben schon den Minimalismus-Pionier Hiji im Bildteil des Buches entdeckt? Sein Sofa besteht aus einer gefalteten, an eine Wand geschobenen Matratze; Kissen und Decke bilden die Rückenlehne. Das Sofa bietet ein gutes Beispiel dafür, wie man über Dinge neu denken kann: Aus einem Bettsofa wird ein Sofabett – oder genauer eine Sofamatratze. Solange man einen Rekorder und eine Videobrille hat, kann man auch ohne Fernseher fernsehen. Mit Flüssigseife lässt sich auch abspülen oder Wäsche waschen.

Seit Kurzem hänge ich meinen Schwamm zum Trocknen auf. Diese Idee stammt von Marie Kondo, die alles Mögliche zum Trocknen aufhängt, selbst Schneidbrett und Spülschwämmchen. Dank dieser Idee konnte ich die Schwammablage mit ihren Saugnäpfen rauswerfen, die ich so hasste. Kondo befreite sich von dem Vorurteil, dass man Schneidbretter und Schwämme nicht an Leinen aufhängt. Unser Berg an Besitz wird immer weiter wachsen, solange wir unsere Dinge lediglich so verwenden, wie sich das nach allgemeiner Auffassung gehört. Sobald wir uns über Konventionen hinwegsetzen, können wir überraschend viel ausmisten.

11

Denke nicht, entsorge!

Bruce Lee sagt in *Der Mann mit der Todeskralle*: »Denke nicht, fühle.« Auf Minimalisten gemünzt, müsste der Spruch lauten: »Denke nicht, entsorge!«

Eines Tages wurde ich des unheilvollen Stapels an Bankbüchern – diesen Büchlein, in denen alle Kontotransaktionen offiziell festgehalten sind – so überdrüssig, dass ich sie alle durch den Schredder jagte.

Irgendwie würde ich auch ohne sie auskommen, sagte ich mir und zog die Sache durch. Erst hinterher fragte ich auf Yahoo Answers: »Ist es okay, ein Bankbuch wegzuwerfen?« Anstatt vorher nachzudenken, war ich einfach meinem Instinkt gefolgt.

Als ich später ein Konto bei der Bank kündigte, bekam ich keinerlei Schwierigkeiten. Der Mann am Schalter schaute allerdings ziemlich verblüfft, als ich erzählte, was ich getan hatte.

»Sie … haben Ihr Bankbuch … weggeworfen?«

Aber schließlich kommt es immer wieder zu Bränden, bei denen Menschen alles verlieren, da kann es doch keine große Sache sein, wenn ein paar Bankbücher fehlen. Je länger wir nachdenken, desto mehr Ausflüchte fallen unserem Gehirn ein, warum wir uns nicht von unserem Besitz trennen dürfen. Doch was soll schon passieren? Vertrauen Sie Ihrem Instinkt.

12

Minimalismus ist kein Wettkampfsport. Geben Sie nicht mit Ihrer Besitzlosigkeit an. Verurteilen Sie niemanden, der mehr besitzt als Sie.

Minimalisten erliegen leicht der Versuchung, damit anzugeben, wie wenig sie besitzen, oder miteinander zu konkurrieren, wer am wenigsten hat. Wie im ersten Kapitel dargelegt, ist für mich derjenige ein Minimalist, der weiß, was er wirklich benötigt, der reduziert, um sich auf das wirklich Wichtige konzentrieren zu können. Was man für »nötig« hält, ist Ansichtssache, weshalb es müßig ist, sich mit anderen zu vergleichen.

Ich sehe zum Beispiel keinen Widerspruch darin, wenn jemand zwar eine Menge Zeug besitzt, all diese Gegenstände aber für wirklich wichtig hält. Solange man glaubt, materieller Besitz verleihe einem Sinn und Zweck, besteht kein Anlass, sich von etwas zu trennen. Es gibt keinen Grund, Menschen zu verdammen, die so denken.

Umgekehrt darf man es auch nicht übertreiben und sich von Dingen trennen, die man braucht. Minimalismus ist weder Bußritual noch Wettkampfsport, sondern schlicht Mittel zum Zweck.

13

Der Wunsch, Dinge loszuwerden, und der Drang, Dinge zu besitzen, sind zwei Seiten derselben Medaille.

Anfänglich gerät man beim Ausmisten leicht in einen Rausch. Es ist erfrischend und man erkennt unmittelbar die Vorteile davon, über seinen Schatten gesprungen zu sein. Hat einen der Minimalismus erst einmal in seinen Bann gezogen, wird die Trennung von Besitz zur obersten Direktive. Es fühlt sich fast so an, als hätte man sich die »Alles-loswerden«-Krankheit geholt. Man ist stolz auf seine Erfolge – und fängt an, auf Leute herabzusehen, die eine Menge Krempel besitzen.

Doch das Urteil »Ach, du hast ja noch so viel. Erbärmlich!« entspringt genau der gleichen Geisteshaltung wie »Ach, du hast ja dies und das gar nicht. Wie erbärmlich!«

Sowohl das Ausmisten als auch das Einkaufen erzeugt Reize in uns und wir sollten beides nicht übertreiben. Wir haben gelernt, dass man sich beim Entrümpeln fragen muss: »Brauche ich diesen Gegenstand wirklich?« Gleichzeitig sollten wir uns auch fragen: »Soll ich mich wirklich von diesem Gegenstand trennen? Will ich ihn nur los sein, um meinen Besitz weiter zu reduzieren?«

14

Finden Sie Ihren persönlichen Minimalismus.

Vielleicht halten Sie sich erst dann für einen Minimalisten, wenn all Ihre Sachen in einen Koffer passen oder Sie in einem Schlafsack nächtigen. Doch keine Sorge, niemand erwartet das. Es gibt ja noch nicht einmal eine richtige Definition von Minimalismus. Vielleicht bleibt nach Ihrer großen Entrümpelungsaktion ja ein Klavier bei Ihnen stehen. Dann haben Sie halt im Zuge des Minimierens gemerkt, was Ihnen wirklich wichtig ist: Musik.

Naoki Numahata, mit dem ich eine Website betreibe, hat sich »aus Minimalismus« ein Auto gekauft. Es hilft ihm, unnötige zwischenmenschliche Beziehungen zu reduzieren, und verschafft ihm Zeit zum Alleinsein. Er lässt absolut nichts im Innenraum des Autos herumliegen und betrachtet sein Fahrzeug als minimalistischen Raum auf vier Rädern. Nur zu, experimentieren Sie und finden Sie Ihren persönlichen Minimalismus!

15

Minimalismus ist eine Methode und nur der Beginn.

Auch wenn ich hier vor den Gefahren eines übertriebenen Minimalismus warne, möchte ich doch betonen: Eine gewisse Dosis an Minimalismus hilft fast jedem. Unsere Gesellschaft legt viel zu viel Wert auf materielle Dinge, unzählige Menschen besitzen viel mehr, als sie brauchen.

Das Ziel eines Minimalisten besteht nicht in der Reduktion selbst. Ein Minimalist versucht, Ablenkungen zu beseitigen, um sich besser auf die wirklich wichtigen Dinge konzentrieren zu können. Minimalismus ist nur ein erster Schritt, eine Methode. Sobald Sie dann angefangen haben auszumisten, wird es Zeit, die Dinge herauszufinden, die wirklich zählen.

Minimalismus ist wie der Prolog eines Buches. Den Rest des Textes können nur Sie selbst schreiben. Wie bereits erwähnt, kann Ausmisten derartig berauschend sein, dass man fälschlicherweise glauben könnte, Minimalismus sei das Ziel. Doch vergessen Sie nie: Es kommt darauf an, was Sie *danach* machen. Sobald Sie sich von Ihrem unnötigen Krempel verabschiedet haben, ist es an der Zeit, Ihre eigene, einzigartige Geschichte zu schreiben.

4

Die 12 großen Veränderungen in meinem Leben, seit ich »Tschüss« zu meinen Sachen gesagt habe

1. Ich habe mehr Zeit.

Deine Zeit ist begrenzt.
Deshalb solltest du sie nicht damit verschwenden,
das Leben eines anderen zu leben.

Steve Jobs

Wie Besitz unsere Zeit frisst

Am 20. Dezember 2014 erschien eine limitiere Auflage von U-Bahn-Karten mit einem Bild des Tokioter Suica-Bahnhofs. Es kam zu chaotischen Szenen, eine Schlange von mehr als 9.000 Menschen bildete sich, viele gingen leer aus.

Hinterher sah ich in den Nachrichten ein Interview mit einem Grundschulkind, das sich umsonst stundenlang in der Kälte angestellt hatte. Es hatte gehofft, im folgenden Frühjahr mit seiner neuen Suica-Karte zur Junior Highschool fahren zu können.

Das Schulkind und alle anderen Enttäuschten taten mir echt leid – dabei bekam man mit dieser limitierten Auflage der Suica-Karten nicht einmal einen fünfprozentigen Rabatt und ihr Material war ebenso brüchig wie das der regulären Karten. Wenn die Verkehrsbetriebe einmal eine stabile Karte herausbringen, dann will ich die unbedingt. Zugegeben, das Design im Mucha-Stil war hübsch, aber natürlich stellt sich die Frage, ob all die Menschen diese Karte wirklich *brauchten* oder lediglich *wollten*.

Bedenken Sie einmal, wie viel Zeit jemand gespart hat, der nicht für eine Suica-Karte – die ja keinen Vorteil gegenüber anderen Karten bietet – Schlange stand:

1. Die Zeit für den Weg zum Tokioter Bahnhof und zurück.
2. Die Wartezeit in der Schlange.
3. Die verdorbene Zeit, nachdem der Verkauf eingestellt wurde.
4. Die Zeit, die man braucht, um seine Wut zu kontrollieren.

5. Die Zeit, in der man sich überlegt, was man als Nächstes tut und wie man vielleicht doch noch an eine solche Karte herankommt.

Leute, das Leben ist kurz! Verschwenden wir es doch nicht mit der Jagd nach materiellen Dingen!

Ich lasse mich weniger von Medien und Werbung ablenken

Zu Hause vor dem Fernseher oder unterwegs – ständig bombardieren uns Medien, Werbeagenturen und andere mit dringenden Nachrichten.

Lasst uns möglichst viel verdienen und sparen! Lasst uns Fett verbrennen und schlank werden! Besuchen wir die besten Schulen! Lasst uns ein hübsches Häuschen kaufen! Leben wir gesund! Das Leben ist ein Wettkampf! Ziehen wir uns schicker an! Lernen wir dazu! Bereiten wir uns auf Katastrophen vor!

Der Regisseur Tom Shadyac fasst all die Botschaften so zusammen: »Sie vermitteln uns, dass wir so, wie wir sind, nichts taugen.«

Praktizierende Minimalisten lassen sich weniger von Medien und Werbung ablenken, weil sie erkannt haben, dass ihnen nichts fehlt. In diesem Bewusstsein lässt sich fast alles ignorieren, was uns ständig zugebrüllt wird.

Umgekehrt gilt: Menschen, an denen das Gefühl nagt, sie verpassten etwas in ihrem Leben, fühlen sich von diesen Botschaften direkt angesprochen. Fängt man einmal an, über die einzelnen Botschaften nachzudenken, bleibt einem keine Zeit mehr für alles andere. Minimalismus beruht auf der Erkenntnis, dass einem nichts fehlt. Lassen Sie sich nicht länger von Dingen herumschubsen, die Sie nicht haben – und nicht brauchen.

Ich vergeude weniger Zeit mit Einkaufen

Minimalisten kaufen nicht viel ein, folglich verbringen sie auch nicht viel Zeit in Geschäften. Natürlich benötigen auch sie in Zukunft noch Waren, aber das Einkaufen geht schneller. Damals als Maximalist liebte ich Elektrogeräte. Angenommen, ich wollte eine neue Mikrowelle kaufen. Dann las ich mir die Produktbeschreibungen verschiedener Hersteller genauestens durch. Ich sah mir die Kundenbewertungen im Internet an, wog alle Vor- und Nachteile ab und kaufte dann ein Gerät, mit dem ich auch bei hohen Temperaturen dampfgaren konnte. Ich freute mich diebisch über Funktionen, die andere Geräte der gleichen Preisklasse nicht hatten – auch wenn ich diese Funktionen allesamt nie nutzte.

Früher fuhr ich in ein schickes Viertel Tokios und jagte einen ganzen Tag lang dem perfekten Hemd hinterher. Ich tingelte von einem Laden zum nächsten, probierte Hemden an, ging dann weiter zu einem dritten, wieder zurück zum ersten und konnte mich noch immer nicht entscheiden. Am Ende kam ich unverrichteter Dinge und völlig erschlagen wieder nach Hause.

Anderen Menschen geht es da nicht besser, wie die berühmte Marmeladen-Studie belegt. Bei diesem Experiment kauften mehr Leute Marmelade, wenn es nur sechs Sorten statt 24 Sorten zum Probieren gab. Ist die Auswahl zu groß, fürchten wir, eine der anderen Sorten könnte noch besser sein als diejenige, für die wir uns entschieden haben. Kaufen wir tatsächlich eine der Sorten, schmälert das Bedauern, keine andere Sorte genommen zu haben, unsere Zufriedenheit. Wenn wir zu viel Auswahl haben, wird es kompliziert.

Mir fällt auf, dass ich mir heute der Kriterien, nach denen ich Dinge auswähle, deutlicher bewusst bin. Infolgedessen grübele ich viel weniger als früher, ob ich ein bestimmtes Objekt kaufen soll oder nicht. Bevor ich etwas erwerbe, muss es folgende Bedingungen erfüllen: Es muss ein minimalistisches Design haben und leicht zu reinigen sein. Zweitens darf seine Farbe nicht zu grell sein. Drittens muss ich es lange benutzen können. Viertens soll es einfach gebaut, leicht und kompakt sein. Und fünftens soll es sich vielfältig verwenden lassen.

Anhand dieser Kriterien fiel es mir ganz leicht, ein Fahrrad auszusuchen. Ich suchte nach einem Fixie mit grobem Edelmetallfinish – einer Oberfläche, die schon von Anfang an leicht rostig aussieht. Der Rahmen musste klassisch sein, sodass er nie aus der Mode kommen würde. Ich wollte kein Logo einer angesagten Marke auf dem Rahmen. Nur ein einziges Rad, und zwar von Focale 44, entsprach meinen Kriterien, sodass ich keine Sekunde zögern musste. Vor meiner Entscheidung verglich ich das Rad gar nicht mehr mit anderen.

Unnötigen Denkaufwand spart man überdies, wenn man bewährte Dinge bei Bedarf einfach nachkauft – oder reparieren lässt. Da man mit dem Gegenstand ja zufrieden war, muss man sich gar keine Alternativen ansehen. Minimalismus schränkt die Auswahl ganz automatisch ein, sodass man schnell zu Entscheidungen gelangt.

Hausarbeiten gehen schneller

Bei mir hat sich die Zeit, die ich mit Hausarbeit verbringe, drastisch verringert. Mehr dazu später. Es ist verblüffend, wie viel schneller man in einem minimalistischen Haushalt sauber machen kann. Es liegt einfach weniger Zeug im Weg herum. Wer weniger Klamotten besitzt, muss seltener waschen und verbringt weniger Zeit grübelnd vor dem Kleiderschrank.

Früher hasste ich es, wenn die Sonne in mein vollgestopftes Zimmer schien und den Staub überall sichtbar machte. Ich war ein Nachtmensch, die Rollläden am Fenster hielt ich immer geschlossen, um das Licht draußen zu halten.

Heute hingegen lasse ich mich von der Sonne wecken. Ich öffne die Augen, sehe eine ordentliche Wohnung und stehe freudig auf. Ich wache früh und mühelos auf. Die Morgenstunden, die ich früher verschlief, sind mir sehr lieb geworden.

Ich kann in einer halben Stunde umziehen

Diesen Frühling zog ich in eine neue Wohnung. Ich packte nichts vorher und trotzdem brauchte ich nur 30 Minuten, um all meinen Besitz aus der Wohnung zu tragen, die Lampen abzuhängen und die Waschmaschine abzubauen. So lange brauchen viele Leute, um sich morgens für ein Outfit zu entscheiden. Dank meines minimalistischen Lebensstils lässt sich mein Besitz in wenigen Minuten zusammenpacken. Ich kann mit der gleichen Selbstverständlichkeit umziehen, wie jemand anderes in ein Café geht.

Ich hänge weniger herum

In einem sauberen, einfachen Zuhause schlägt man weniger Zeit tot. Früher verbrachte ich freie Tage oft einfach im Bett. Ich wachte auf und dachte mir: *Heute muss ich waschen. Und wieder mal staubsaugen. Moment, wie lange ist die Bettwäsche schon dran? Okay, ans Werk. Aber wo fange ich an? Ich mache die Wäsche, dann sauge ich, hinterher spüle ich ab. Ja, das mache ich. Moment, vielleicht sollte ich in den alten Klamotten sauber machen und erst hinterher alles in die Waschmaschine werfen. Ach, was für ein Zirkus! Ich schalte mal den Fernseher an und checke mein Smartphone …* So dreht man sich endlos im Kreis. Wer aber weniger besitzt, muss jeden Tag auch weniger Hausarbeit machen. Man kann anstehende Aufgaben sofort erledigen, sodass gar nicht erst eine lange To-do-Liste zusammenkommt, die einen runterzieht.

Ich suche nicht ständig nach Dingen

Heute bin ich mir jedes einzelnen Gegenstands bewusst, den ich besitze. Und da jedes Ding seinen Platz hat, suche ich nie nach verloren gegangenem Zeug. Ist man sich all seines Besitzes bewusst, weiß man nicht nur, wo sich die Dinge befinden, sondern auch, ob man sie überhaupt besitzt. Man muss keine Sekunde nachdenken, wo das Packband wieder steckt. Da ich gar kein Packband zu Hause habe, beantwortet sich die Frage von selbst. Gebrauchsanleitungen, Garantiekarten, Unterlagen scanne ich sofort – oder werfe sie unbesehen weg. Ich muss also nie Papierstapel durchsuchen. Wer weniger hat, verliert auch weniger. Und da man als Minimalist mit weniger Sachen aus dem Haus geht, vergisst man auch seltener etwas. Man muss also seltener wieder zurücklaufen und einen liegen gelassenen Gegenstand holen.

Erlebnisse machen glücklich, nicht Dinge

Oft beobachte ich, wie Menschen laufen, um den Zug noch zu erwischen, und dabei andere Reisende fast über den Haufen rennen. Ist Ihnen schon einmal aufgefallen, dass gehetzte Menschen nie glücklich wirken? Kein gehetzter Mensch strahlt vor Freude. Die Urlauber hingegen, die ich während Japans Goldener Woche sehe, scheinen deutlich glücklicher.

Der Psychologe Tim Kasser fand heraus, dass Erlebnisse glücklich machen, nicht materielle Dinge. Wir alle kennen beruflich erfolgreiche, wohlhabende Leute, die aber immer unter Strom stehen und von einer Lebenskrise in die nächste stürzen. Selbst freundliche Menschen werden unter Stress oft unangenehm, weil es ihnen einfach am Luxus freier Zeit mangelt.

Tagträume sind wichtig

Der aktuellen neurowissenschaftlichen Forschung zufolge springen bestimmte Bereiche unseres Gehirns nur an, während wir Tagträumen nachhängen oder unsere Gedanken schweifen lassen.

Diese Augenblicke dienen der Besinnung, der Orientierung, dem Erinnern – mit anderen Worten: Wir denken über uns selbst nach. Ein Augenblick der Entspannung ist also keine

Zeitverschwendung, sondern ein wichtiger Moment geistiger Einkehr. Vielleicht sitzen wir an einem Strand und lauschen den Wellen oder blicken in ein Lagerfeuer. Die Wissenschaft hat gezeigt, dass wir besinnliche Augenblicke dieser Art brauchen. Egal ob wir arm oder reich sind – unser Tag hat 24 Stunden. Sich Zeit zur Entspannung zu nehmen, ist der ultimative Luxus.

Sie dürfen jetzt glücklich sein

Ohne Entspannung gibt es kein Glück – Sie müssen dafür aber nicht notwendigerweise Urlaub in einem Tropenparadies machen und unter einem Sonnenschirm am Strand liegen. Tatsächlich besteht nicht viel Unterschied zwischen dem alltäglichen Glück, das jederzeit in Griffweite liegt, und dem Glück am Tropenstrand. Schalten Sie einfach im Café um die Ecke ab. Hören Sie auf, wie wild auf Ihre Tastatur einzuhacken, und nehmen Sie sich Zeit für einen tiefen Atemzug. Das Glück umgibt uns, wir müssen uns nur die Zeit nehmen, es zu finden.

Holen Sie sich die Zeit zurück, die Ihre Dinge Ihnen rauben, indem Sie radikal ausmisten. Ihre Zeit ist kostbar. Sie haben nur 24 Stunden am Tag – verschwenden Sie sie nicht an materielle Dinge.

2. Ich genieße das Leben mehr.

Mein Leben selbst war ein Genuss und hörte nie auf, neu zu sein. Es war ein Schauspiel mit vielen Szenen und ohne Schluss.

Henry David Thoreau

Wem missfiele eine geputzte Wohnung?

Das Saubermachen selbst gefällt nicht jedem, wohl aber der Zustand hinterher. Oder gibt es irgendjemanden, der ein gründlich geputztes Zimmer betrachtet und flucht? Nein, makellos saubere Räume wirken auf jeden Menschen einladend.

Als ich noch inmitten von Krempel lebte, hasste ich das Saubermachen. Egal wie oft ich putzte – immer wieder sammelte sich neuer Staub an. Auch das Abspülen war mir zuwider. Ich besah mir das dreckige Geschirr im Spülbecken und beschloss, am nächsten Tag abzuspülen. Dann ging ich schnurstracks ins Bett.

Ich hasste diesen unendlichen Zyklus der Hausarbeit. Kein Wunder also, dass es zu Hause immer schlimm aussah. Irgendwann war der ganze Boden mit Büchern bedeckt und ich dachte mir: *Na, wenigstens muss ich jetzt nicht mehr staubsaugen.*

In der Nähe meiner alten Wohnung beschattete ein Gingkobaum den Bürgersteig. Jeden Morgen sah ich meine Nachbarin die heruntergefallenen Blätter wegfegen. *Wie erträgt sie das nur jeden Tag*, fragte ich mich. Es fielen ohnehin jeden Tag Blätter herab, warum fegte sie nicht einfach einmal die Woche oder wenigstens alle zwei Tage?

So dachte mein altes Ich. Heute verstehe ich die Frau: Sie fegte keine Blätter weg, sondern ihre eigene Trägheit.

Niemand ist von Natur aus faul

Früher hielt ich mich für willensschwach und faul. Ich glaubte, diese Eigenschaften gehörten zu meinem Charakter und ließen sich nicht ändern. Und außerdem, sagte ich mir, sind doch alle Männer Schlamper, oder?

Doch jetzt ist alles anders. Heute sauge ich jeden Tag die Wohnung, bevor ich zur Arbeit gehe. Nach dem Duschen wische ich im Bad kurz durch, sodass es immer strahlend sauber ist. Ich spüle das Geschirr unmittelbar nach dem Essen. Ich lasse die Waschmaschine laufen, bevor sich meine schmutzige Kleidung türmt, und hänge die fertige Wäsche auf dem Balkon zum Trocknen auf. Auf dem Balkon wische ich auch alle Oberflächen ab, sogar auf dem Nachbarbalkon.

Ich habe nur ausgemistet, nicht meinen Charakter verändert. Warum bin ich dann kein fauler Schlamper mehr? Einfach, weil ich jetzt weniger Zeug besitze und das Putzen viel einfacher ist. Ich bin nicht von Natur aus faul und war es nie.

Aufräumen nach der Aristoteles-Methode

Aristoteles befand (in den Worten des Philosophen Will Durant): »Wir sind, was wir wiederholt tun. Vorzüglichkeit ist deshalb keine Handlung, sondern eine Gewohnheit.« Man braucht keinen starken Willen, um regelmäßig aufzuräumen und seine Wohnung sauber zu halten. Gute Vorsätze bringen gar nichts. Nein, man muss sich das Aufräumen zur Gewohnheit machen. Hat man diese Gewohnheit erst einmal angenommen, macht man ganz automatisch sauber, ohne groß darüber nachzudenken.

Die Belohnung fürs Aufräumen

Es heißt, Belohnungen seien der Schlüssel dafür, dass man sich Neues angewöhnt. Beim täglichen Putzen besteht die Belohnung möglicherweise in der Befriedigung, die wir hinterher spüren. Wir erfreuen uns an unserer sauberen Wohnung – und an unserer Tüchtigkeit. Wir sind zu Recht stolz darauf, uns überwunden und tatsächlich aufgeräumt zu haben.

In minimalistischen Haushalten geht das Aufräumen ruckzuck, die Belohnung bleibt aber die gleiche. Und so finden wir bald echtes Gefallen am Aufräumen. Das Gleiche gilt für alle anderen Tätigkeiten im Haushalt. Der Trick dabei, wenn man sich das Putzen angewöhnt, liegt darin, es sich einfach zu machen und die Belohnung abzusahnen. Wenn man wenig besitzt, geht die Hausarbeit in Nullkommanichts.

Das Putzen wird dreimal einfacher, wenn man weniger besitzt

In meiner alten Wohnung saugte ich vielleicht einmal im Monat Staub. Selbst nachdem ich schon ziemlich viel entsorgt hatte, räumte ich nur am Wochenende auf. Doch heute sauge ich jeden Morgen Staub. Ich habe mir das schlicht deshalb angewöhnt, weil es so flott geht.

Saubermachen wird ganz einfach, sobald man weniger besitzt. Sehen wir uns einmal an, wie wir in einem Zimmer mit einer Eulen-Skulptur den Boden putzen würden.

Erster Schritt: Eule aus dem Weg räumen.

Zweiter Schritt: Den Boden dort putzen, wo die Eule stand.

Dritter Schritt: Eule wieder zurückstellen.

Und wenn wir die Skulptur nicht haben?

Erster Schritt: Boden putzen.

Fertig. Hurra! So einfach geht das. Es erfordert nur ein Drittel der Mühe und Zeit, den Boden sauber zu machen – und die Mulden und Wölbungen der Eule selbst sind da noch gar nicht eingerechnet. Und jetzt stellen Sie sich die Arbeit vor, die wir hätten, wenn wir drei oder vier oder sogar 15 oder 20 Skulpturen besitzen würden.

Wenn das Gerümpel weg ist, hat jedes Ding seinen natürlichen Ort

Nun, da ich weiß, wie angenehm es sich in einer ordentlichen Wohnung lebt, räume ich alles gleich wieder auf. Kaum sind meine Haare trocken, stecke ich den Fön weg. Früher konnte ich Marie Kondos Behauptung gar nicht glauben, sie hole ihre Fernbedienung für den Fernseher nur hervor, wenn sie sie brauche. Inzwischen halte ich es genauso – und finde es gar nicht aufwändig. Sobald man es sich angewöhnt hat, wird es zu einer natürlichen Abfolge, etwas hervorzuholen, zu benutzen und wieder aufzuräumen.

Erinnern Sie sich noch, wie Sie das Fahrradfahren lernten? Bestimmt kostete es Sie ziemliche Mühe, während des Tretens die Balance zu halten. Doch das übt sich schnell und ehe man sich versieht, radelt man, ohne einen Gedanken ans Gleichgewicht zu verschwenden.

Genauso geht es mir mit dem Ordnunghalten. Ich denke nicht mehr darüber nach. Es fühlt sich fast so an, als würden meine Sachen ganz von selbst wieder an ihren angestammten Platz zurückkehren.

Die Vorzüge einer kleinen Wohnung

Dieses Frühjahr zog ich von einer 25-qm-Wohnung in eine kleinere Wohnung mit 20 Quadratmetern. Entsprechend muss ich fünf Quadratmeter weniger putzen. Saubermachen ist jetzt noch einfacher und geht noch schneller.

Mittlerweile träume ich davon, in eine noch kleinere Wohnung zu ziehen. Selbst meine aktuelle Wohnung war mir anfangs ein wenig zu groß. Das Saubermachen ist ganz einfach, macht Spaß und fühlt sich gut an. Ich werde mir wohl nie einen Saugroboter kaufen oder jemanden fürs Putzen bezahlen, die Arbeit gefällt mir. Und in meinem kleinen Apartment mit meinen wenigen geliebten Dingen wird das Saubermachen fast schon zu einem intimen Akt.

Staub und Schmutz sind ein Spiegelbild unseres alten Ichs

In Japan heißt es, die Wohnung zu putzen, bedeute, sich selbst herauszuputzen. Wie wahr! Denn nicht nur Staub und Schmutz kriechen in unsere Wohnungen, auch die Schatten unseres alten Ichs. Wollmäuse sind immer auch ein Vorwurf: Du Faulpelz, räum endlich auf! Sobald wir weniger besitzen und uns das Putzen angewöhnt haben, sehen wir beim Saubermachen, wie fleißig wir gestern waren.

Wer morgens früh aufsteht, eine erquickende Dusche nimmt, gemütlich frühstückt, sauber macht und eine Wäsche anstellt, bevor er das Haus verlässt, kommt als ein ganz anderer Mensch im Büro an. Einfach dadurch, dass man organisiert lebt, hat man mehr Energie und Selbstbewusstsein – man mag sich lieber als jenen Faulpelz, der erst in allerletzter Sekunde aus dem Bett sprang und ins Büro hetzte. Und wer sich selbst mag, tut sich leichter, Probleme anzupacken. Menschen können sich verändern, angefangen bei ihrem Lebensstil.

Der Druck, im Beruf »erfolgreich« zu sein

»Du bist wichtig, du bist unersetzlich.«

»Sei du selbst, sei einzigartig.«

»Trau dich. Streng dich an, um etwas zu erreichen.«

Junge Menschen werden täglich mit solchen wohlgemeinten Sprüchen bombardiert. Ständig drängt man sie, sich anzustrengen. Auch ich litt unter dem Leistungsdruck und meiner Unfähigkeit, die Erwartungen zu erfüllen.

Nun, da ich mich vom Großteil meines Besitzes getrennt habe, kann ich Ihnen versichern: Es ist nicht nötig, etwas zu »erreichen« oder Karriere zu machen. Umgekehrt sollten wir anfangen, mit uns selbst zufrieden zu sein und die vielen Glücksmomente in unserem Alltag wahrzunehmen, den Augenblick zu genießen. Wenn ich die wenigen Handgriffe getan habe, um meine neue Wohnung zu säubern, und danach im Viertel spazieren gehe, merke ich, dass ich weiter nichts brauche oder möchte. Ich gehe in den Park und sehe den Enten auf dem Teich dabei zu, wie sie ihr Gefieder putzen. Sie wirken völlig entspannt – dabei ordnen sie einfach ihr Gefieder. Sie streben nicht aufgeregt danach, jemand anderer zu werden. Sie arbeiten nicht wie verrückt an ihrer Karriere und sie kriechen keinen anderen Enten in den Hintern. Sie genießen das Herumtreiben im Wasser, das Herumnesteln im Gefieder, ihr Leben. Genau genommen geht es doch um nichts anderes, oder?

Jetzt, da ich mich von dem Großteil meiner Sachen getrennt habe, bin ich rundherum zufrieden mit meinem Alltag. Es macht mir Spaß, einfach zu leben.

3. Ich bin freier.

Erst nachdem wir alles verloren haben,
haben wir die Freiheit, alles zu tun.

TYLER DURDEN, *FIGHT CLUB*

Bewegungsfreiheit

Stimmt es nicht, dass Vögel hoch in den blauen Himmel fliegen können, weil ihre Nester einfach sind und sie nicht von Besitz beschwert sind?

Früher war ich das genaue Gegenteil eines Vogels. Ein riesiges Regal nahm fast den gesamten Platz in der Küche ein und irgendwann richtete ich sogar eine Dunkelkammer in meiner Wohnung ein. Im Flur standen massive Bücherregale mit tonnenweise Büchern. Früher dachte ich, beim nächsten Umzug würde ich jede Menge Platz für meinen ganzen Krempel brauchen, möglicherweise sogar ein Extrazimmer, in dem mein riesiger Fernseher und meine Heimkinoanlage auch wirklich zur Geltung kämen. Ich durchstöberte die Wohnungsanzeigen im Internet, fand aber nie eine große und bezahlbare Wohnung. Außerdem grauste es mir vor dem Gedanken, all meinen Krempel zu verpacken und dann in der neuen Wohnung wieder auszupacken.

Nachdem ich Minimalist geworden war, zog ich zum ersten Mal nach über einem Jahrzehnt um, aus Nakameguro in das nahe gelegene Viertel Fudomae. Der gesamte Umzug vom Packen (ich brauchte keinen einzigen Karton!) über die Fahrt in die neue Wohnung bis hin zum Auspacken dauerte eineinhalb Stunden. Ohne Witz!

Beim nächsten Umzug würde ich gern in eine noch kleinere Wohnung ziehen. Mein aktuelles 20-qm-Apartment scheint mir noch zu groß. Ich fände es toll, in einer etwa zwölf Quadratmeter großen Wohnung zu leben, wie es der Autor Dominique Loreau tut. Billiger wäre das auch. Endlich habe ich mich von dem Wahn befreit, meinen Büchern und meiner Heimkinoanlage den ihnen zustehenden Platz zu bieten. Ein Umzug ginge mittlerweile fast von selbst. Ohne meinen Besitz bin ich frei, jederzeit umzuziehen.

Die Freiheit, anders zu leben

Inzwischen experimentieren viele Menschen mit ganz neuen Arten des Wohnens. Nehmen Sie beispielsweise die Hütte, die sich der Autor Tomoya Takamura für 800 Euro baute, Kyohei Sakaguchis mobiles Haus und natürlich die Minihaus-Bewegung. Die Menschen hinter all diesen Initiativen suchen nach kreativen Alternativen zum gängigen Traum vom Wohneigentum, für den man 30 Jahre lang Hypotheken berappt.

Berechnungen zufolge werden im Jahr 2040 etwa 40 Prozent aller Häuser in Japan leer stehen und wegen der Erdbebengefahr in unserem Land stellt es ohnehin ein beträchtliches Risiko dar, in einem konventionellen Haus zu leben. Den neuen Wohnentwürfen ist eines gemeinsam: Es handelt sich nicht um normale große Häuser, in denen man einen Haufen Zeug unterbringt.

Ein fast besitzloser Minimalist genießt bei der Frage, wie er wohnen möchte, viel mehr Freiheit. Ich finde diese neuen Wohnideen faszinierend und glaube, dass die Bewegung noch gewaltig an Fahrt gewinnen wird.

Billigeres Leben führt zu mehr Freiheit

Sie alle kennen das Konzept des *Existenzminimums*: des Einkommens, das man zum Überleben mindestens braucht. Ich finde, jeder sollte diesen Betrag wenigstens ein Mal für sich

persönlich ermitteln, also die notwendigen Ausgaben für Miete, Lebensmittel, Strom, Telefon usw. zusammenrechnen.
Meine Monatsmiete in Fudomae beträgt 67.000 Yen (525 Euro), insgesamt komme ich mit 100.000 Yen (knapp 800 Euro) monatlich locker hin. Mein unverzichtbares iPhone ist da schon eingerechnet. Es macht mir überhaupt nichts aus, all meine Mahlzeiten selbst zu kochen, in der Bibliothek zu lesen und zur Entspannung im Park spazieren zu gehen.

Das Sparen fällt mir überhaupt nicht schwer, nein, ich genieße es sogar, denn als Minimalist vergleiche ich mich nicht mehr mit anderen. Man muss nur seinen dummen Stolz über Bord werfen, der einem einflüstert: »Für diese Arbeit bist du aber zu gut«, »Ich möchte in einer Wohnung leben, wie sie in diesem Lifestyle-Magazin abgebildet war« oder »Ich will nicht, dass die Leute mich für arm halten«. Dann gibt es da draußen massenweise Jobs, in denen man 100.000 Yen im Monat verdient. Selbst über meine Rente muss ich mir keine Sorgen mehr machen. Das Wissen, dass ich lediglich 100.000 Yen im Monat verdienen muss, verschafft mir ein leichtes Herz. Heutzutage braucht man für viele Jobs lediglich einen Internetanschluss, man könnte also sogar vom Ausland aus arbeiten, wo die Lebenshaltungskosten noch viel niedriger liegen. Es gibt keinen Grund, an einem schrecklichen Job festzuhalten oder sich zu Tode zu schuften, nur um seinen Lebensstandard zu erhalten. Wer weniger besitzt und seine Lebenshaltungskosten senkt, kann hinfliegen, wohin er will. Minimalismus kann sehr befreiend sein.

Emanzipation von unseren Rollen

Wir alle identifizieren uns in einem gewissen Grad mit unserem Besitz. Ich etwa betrachtete meine riesige Bücher-, CD- und DVD-Sammlung als Teil meiner selbst. Es fällt schwer, sich von geliebten Dingen zu trennen, weil es sich so anfühlt, als gäbe man einen Teil seiner selbst weg. Mir jedenfalls ging es so. Doch in Wahrheit erfüllte mich ein Freiheitsgefühl, nachdem ich all meine Bücher, CDs und DVDs verscherbelt hatte, das sich kaum in Worte fassen lässt. Wenn man so will, fühlte ich mich von den Rollen befreit, die ich spielte.

In meiner Rolle als Kinofan sah ich mir jede Woche fünf, sechs Filme an. Es war mir peinlich, wenn ich bei aktuellen Filmen nicht mitreden konnte. Ich wollte damit angeben, so ziemlich alles an Filmen gesehen zu haben. Ich wollte sagen können: »Dieser Film? Ja, den kenne ich. Jenen anderen auch. Ja, und den Film würde ich gern sehen.« Ich liebe das Kino zwar noch immer, aber inzwischen ist mir klar, dass ich mir früher in der Rolle des Cineasten gefiel. Heutzutage mache ich mir keine Gedanken mehr darüber, wie viele Filme ich sehe, ich bin kein »Filmfan« mehr, sondern jemand, der sich genau die Streifen ansieht, die ihn wirklich interessieren.

Wenn heute jemand einen mir unbekannten Filmtitel erwähnt, frage ich ganz ungeniert: »Den kenne ich nicht. Worum geht es darin?« Manche Dinge lieben wir so sehr, dass sie zu unserer Persönlichkeit zu gehören scheinen. Dann drängen sie uns mitunter in Rollen, die wir dann pflichtschuldig erfüllen. Wer sich von diesen Dingen trennt, darf auch die entsprechende Rolle ablegen.

Tschüss, Habgier

Minimalisten werden für all die Werbebotschaften taub, die ständig auf uns einprasseln. Kreative Anzeigen, nervige Spots – all das hat keinerlei Wirkung mehr auf uns. Promis erregen nicht mehr unseren Neid. Bunte Schaufenster, Rabattaktionen, edler Technikkram, neue Eigentumswohnungen im 21. Stockwerk – das interessiert uns nicht mehr, ungestört und frei spazieren wir durch die Stadt.

Im zweiten Kapitel ging es um das Paradoxon, dass wir immer mehr anhäufen, je mehr wir bereits besitzen – auch wenn es uns überhaupt nicht glücklich macht. Es ergeht uns wie Monstern, die immer hungriger werden, je mehr sie essen. Die amerikanischen Ureinwohner hatten ein Wort für die geistige Störung, mehr zu wollen, als man braucht: Wétiko. Diese Krankheit zerstört das Leben der Betroffenen. Bleibt sie unbehandelt, kann diese Gier nach Dingen außer Kontrolle geraten und monströse Folgen nach sich ziehen. Früher zerfraß mich die Gier. Ständig sehnte ich mich nach mehr. Heute hingegen habe ich alles, was ich brauche.

Es gibt nichts, was ich mir wirklich wünsche. Das klingt vielleicht überraschend, doch es fühlt sich fantastisch an.

4. Ich vergleiche mich nicht mehr mit anderen.

Wenn du erkennst, dass es dir an nichts fehlt,
gehört dir die ganze Welt.

Laotse

Rezept zum Unglücklichsein

Wissen Sie, wie Sie sich im Nu unglücklich machen können? Indem Sie sich mit jemand anderem vergleichen.

Eine alte Flamme von mir heiratete einen reichen Typen. Als ich das hörte, fühlte ich mich hundeelend. Ich gab meinem mickrigen Salär die Schuld daran, dass ich das Mädchen nicht bekommen hatte. Heute ist mir klar: Es lag nicht am Geld – mir fehlte es damals an etwas anderem.

Wer sich mit erfolgreichen Gleichaltrigen vergleicht, fühlt sich schnell dumm und unfähig. In den sozialen Medien wimmelt es von Menschen, die ihr Leben mehr zu genießen scheinen als man selbst. Man geht die Straße entlang, sieht eine Menschentraube, die sich amüsiert, und fühlt sich schlagartig einsam.

Ständig halten wir die Kirschen in Nachbars Garten für süßer – und dem Nachbarn geht es vielleicht genauso. Die Kirschen kümmert das nicht, nur die Eigentümer der Kirschen machen sich darüber Gedanken. Manche Menschen färben sogar ihren Rasen mit Chemie, damit er genauso grün aussieht wie der des Nachbarn. Doch irgendwann verfärbt sich das so behandelte Gras braun, seine natürliche Schönheit wurde auf dem Altar des unnötigen Vergleichens geopfert.

Mit wem vergleicht sich Bill Gates?

Wir vergleichen uns geradezu zwanghaft mit anderen. Das Problem daran: Das hört nie auf. Betrachten wir den Angestellten eines Hightech-Startups. Er hat eine außerordentlich kompetente Managerin über sich und vergleicht sich mit ihr. Die Managerin wiederum vergleicht sich vielleicht mit dem

Chef und Unternehmensgründer, während der Chef sich wieder mit dem Chef eines größeren, erfolgreicheren Unternehmens vergleicht, und dieser Chef wiederum vergleicht sich mit Bill Gates. Doch mit wem vergleicht sich Bill Gates? Vielleicht mit sich selbst in jüngeren Jahren oder mit einem jungen Unternehmer, der vor seinem Durchbruch steht.

Man muss nur lange genug suchen, dann findet man immer jemanden, der es scheinbar besser hat. Egal wie reich oder wie gutaussehend man ist, irgendjemand ist immer reicher oder hübscher. Selbst erfolgreiche Rockmusiker vergleichen sich vielleicht mit Johnny Depp oder Brad Pitt und fühlen sich erbärmlich. Vielleicht haben Sie sich Ihren Kindheitstraum erfüllt und sind Profifußballer geworden – und dann sehen Sie Lionel Messi spielen und weinen vor Neid. Selbst wenn man in seinem Gebiet der allerbeste ist, kann man sich immer mit Leuten auf anderen Gebieten vergleichen.

Nun, da ich meinen ganzen Krempel losgeworden bin, vergleiche ich mich mit niemandem mehr. Früher schämte ich mich immer für mein erbärmliches Apartment, wenn ich daran dachte, wie andere lebten. Oder ich beobachtete neiderfüllt, wenn Bekannte sich alles leisteten, was sie sich nur wünschten. Jetzt, da ich mich von meinem alten Ich verabschiedet habe, mache ich bei diesem endlosen Konkurrenzkampf einfach nicht mehr mit.

Erlebnisse lassen sich nicht vergleichen

Wie ich im zweiten Kapitel beschrieben habe, gewöhnen sich Menschen an Dinge. Länger hält das Glück erwiesenermaßen, wenn es auf Erlebnissen statt auf Dingen beruht. Ein

1.000-Euro-Mantel verliert seinen Zauber, wenn man ihn ein paar Mal getragen hat. Gibt man die 1.000 Euro jedoch für eine Reise mit einem Freund aus, kann man sich an der Erinnerung jedes Mal wieder von Neuem erfreuen. Die Freude lässt auch nicht nach, egal wie oft wir uns die Reise ins Gedächtnis rufen.

Warum kaufen wir uns dann trotzdem meistens lieber Dinge als Erlebnisse? Wegen unseres Bedürfnisses, uns mit anderen zu vergleichen. Die Psychologin Sonja Lyubomirsky erklärt das so: Ich kann meine Handtasche ganz leicht mit der Handtasche einer anderen vergleichen, weil ich weiß, was beide kosten. Bei Taschen bekannter Marken geht das am leichtesten, weil jeder ihren Preis ungefähr kennt. Andererseits braucht es schon eine gehörige Portion an Vorstellungskraft, eine Yogastunde mit einer Runde Golf oder einen Angelausflug mit einem Campingtrip zu vergleichen.

Vielleicht machen uns Erlebnisse genau deswegen dauerhafter glücklich – weil sie sich nicht mit den Erlebnissen anderer Leute vergleichen lassen. Und da sich Erfahrungen kaum vergleichen lassen, müssen die eigenen Erlebnisse auch gar nicht ausgefallen oder teuer gewesen sein, um für uns etwas ganz Besonderes darzustellen.

Wer nicht mehr auf andere schielt, findet sich selbst

Die Dynamik ähnelt der beim Anhäufen materieller Dinge: Sobald wir einmal anfangen, uns mit anderen zu vergleichen, können wir nicht mehr damit aufhören. Ich hätte dieses Buch niemals fertig bekommen, wenn ich beim Schreiben an all die Schriftsteller gedacht hätte, die so viel besser sind als ich.

Akzeptieren wir den Gedanken einfach, dass es immer jemanden gibt, der besser ist als wir. Sobald wir uns mit diesen Leuten vergleichen, verlieren wir jedes Selbstbewusstsein und jeden Antrieb.

Hat man sich aber erst von all seinen Dingen verabschiedet, kann man auch zu der ewigen Vergleicherei »tschüss« sagen. Schließlich besitzt man ohnehin keine materiellen Dinge mehr, anhand derer sich der Status vergleichen ließe. Sobald Sie als Minimalist nur das besitzen, was *Sie* brauchen, richtet sich Ihr Blick zwangsläufig nach innen, statt nach außen. Sie sind befreit davon, sich mit anderen zu messen, und können damit beginnen herauszufinden, wer Sie wirklich sind.

5. Ich sorge mich nicht länger, wie andere mich sehen.

Sie sind der Einzige, der sich darum sorgt,
Ihr Gesicht zu wahren.

Ichiro Kishmi und Fumitake Koga,
aus: *Kirawareru Yuki* (Der Mut, unbeliebt zu sein)

Steve Jobs wurde nicht nervös

Während des Entrümpelns minimierte ich auch meine Garderobe. Wie im dritten Kapitel beschrieben, helfen persönliche Uniformen, Zeit zu sparen und sich auf die wirklich wichtigen Dinge zu konzentrieren. Steve Jobs hatte seine schwarzen Rollkragenpullover, Mark Zuckerberg hat seine grauen T-Shirts. Beide empfanden es als Zeitverschwendung, sich vor dem Kleiderschrank zu fragen, was sie anziehen sollten. Diese Zeit nutzten sie lieber kreativ.

Eine minimalistische Garderobe bietet einen weiteren Vorteil: Weil man zeitlose Kleidung kauft, muss man sich nie sorgen, aus der Mode zu kommen. Wir Minimalisten tragen keine exzentrischen Sachen, weshalb wir uns auch keine Gedanken darüber machen müssen, ob sie uns stehen, ob ein bestimmtes Outfit zusammenpasst, ob andere uns vielleicht lächerlich finden könnten. Wir beneiden niemanden um seine teuren Klamotten und schämen uns unserer billigen Kleidung nicht. Anders ausgedrückt: Wir sorgen uns nicht länger, wie andere uns wahrnehmen.

Es ist nur natürlich, sich beim Betreten einer schicken Boutique ein wenig nervös zu fühlen. Doch denken Sie kurz an Steve Jobs, den Mann, der immer im gleichen Outfit herumlief. Glauben Sie, er hätte gezögert, einen *Comme des Garçons*-Laden zu betreten, und gegrübelt, was die Leute dort wohl von seinem Stil hielten? Früher war ich enorm unsicher. Selbst beim Spazierengehen fragte ich mich, ob andere Passanten mein Outfit vielleicht für albern oder misslungen hielten. Seit ich minimalistische Kleidung trage, gehe ich viel entspannter damit um, wie Menschen mich vielleicht wahrnehmen.

Der wahre Grund, warum es uns schwerfällt, allein in einem Restaurant zu essen

Es ist hart, allein essen zu gehen. Angenommen, Sie gehen in ein koreanisches Restaurant. Während Sie allein vor dem Grill sitzen und dem Fleisch beim Brutzeln zusehen, beschleicht Sie wahrscheinlich bald das Gefühl, die Kellner und die anderen Gäste würden Sie anstarren und sich denken: »Der hat ja Nerven, allein einen Grill zu belegen«. Oder: »Die Arme, hat sie denn keine Freunde?« Vielleicht denken die anderen auch tatsächlich so – aber halt ein paar Sekunden lang, dann denken sie wieder über etwas anderes nach. So interessant ist ein einsamer Gast nun auch wieder nicht! Nur weil wir ganz allein da sitzen und nichts uns von uns selbst ablenkt, bilden wir uns ein, die ganze Welt drehe sich um uns. Doch versetzen Sie sich nur einen Augenblick lang in die anderen hinein. Dann geht Ihnen sofort auf, dass niemand einen zweiten Gedanken an Sie verschwenden wird. Das Motto dieses Abschnitts bringt es genau auf den Punkt: Allein Sie sorgen sich um Ihr Gesicht.

Natürlich lässt sich nicht beweisen, dass die anderen so denken. Würden Sie einen Gast am Nebentisch ansprechen und fragen, würde er ja niemals zugeben, dass er Sie tatsächlich für einen traurigen Wicht hält. Selbst jemand, der zuvor in Ihre Richtung deutete und dann lachte, kann immer noch leugnen und sagen, er hätte über einen guten Witz gelacht.

Vielleicht hielt der Gast am Nebentisch Sie für einsam. Vielleicht auch nicht. Beweisen lässt sich das nicht. Nun ist es aber völlig müßig, sich an Dingen aufzuhängen, die es vielleicht gibt, vielleicht aber auch nicht. Und völlig absurd wird es, wenn man sich etwas verkneift, allein aus Angst, andere könnten die Nase rümpfen. Sie wollen allein grillen? Nur zu, warum nicht!

Niemand beachtet Sie, auch wenn Sie sich vielleicht etwas anderes einbilden. Alle sind beschäftigt und ganz absorbiert von ihrem eigenen Leben.

Den Schein zu wahren, hält uns zurück

Früher konnte ich mich nicht recht mit E-Books anfreunden. Gedruckte Bücher sind etwas Wunderbares, sie lassen sich schnell und einfach durchblättern, das Papier vermittelt ein analoges Gefühl von Wärme, eine solide Bindung macht Freude und sieht gut aus.

Doch in Wirklichkeit fehlte mir bei E-Books nicht die angenehme Haptik gedruckter Bücher, sondern die Möglichkeit, sie in ein Regal zu stellen. Dabei besaß ich schon stapelweise Bücher. Ich bildete mir ein, sie aufgehoben zu haben, weil sie mir gefielen. Doch dann merkte ich, dass ich sie nur in die Hand nahm, um damit Eindruck zu schinden. Ich wollte, dass Menschen meine Bücher sahen und daraus schmeichelhafte Rückschlüsse auf meine Intelligenz zogen.

Heute ist mir klar, dass ich andere mit meinen Büchern beeindrucken wollte. Zu diesem Zweck musste ich sie stapeln können. Jeder Gast, der meine Regale sah, sollte mich für belesen halten. Bei E-Books fehlte mir das, es sah ja aus, als hätte ich nur ein Buch gelesen, obwohl es in Wirklichkeit Tausende waren.

Viele Bücher lagen jahrelang ungelesen herum. Immer sagte ich mir, »irgendwann« käme ich schon dazu, sie zu lesen. Heute weiß ich, dass ich sie hauptsächlich deshalb besaß, um mein Image als Intellektueller zu pflegen.

Nun, da ich die ungelesenen Büchertürme entsorgt habe, kann ich mich auf das eine Buch konzentrieren, das mich im

Augenblick wirklich interessiert. Infolgedessen lese ich jetzt mehr. Seit ich mich von meinen alten Büchern getrennt habe, interessiere ich mich auch mehr für neue Gebiete. Nachdem ich das Alte losgelassen hatte, konnte ich das Neue umarmen.

Lektionen aus einer unbenutzten Kamerasammlung

Ich fotografiere gern und bilde mir auch ein, mich in Sachen Fotografie recht gut auszukennen. Es gab sogar Zeiten, in denen ich meine Küche als Dunkelkammer nutzte und dort Farbnegative entwickelte. Ich sammelte hübsche alte Fotoapparate, die ich auf Auktionen erstand. Ich stellte sie in meiner Wohnung aus, legte aber nie auch nur einen Film in sie ein. Ich verwendete die Fotoapparate nie, sie gehörten nur zum Dekor meiner Wohnung und sollten Gästen vermitteln, dass ich ein Kamerafan war und eine Künstlerseele hatte.

Inzwischen habe ich all meine Fotoapparate verkauft. Ich ließ sie über einen Händler versteigern, samt dem luftdicht schließenden Schrank. So wurde ich alles auf einmal los. Seit der Trennung von all den Dingen, mit denen ich andere Menschen nur zu beeindrucken versucht hatte, schert es mich immer weniger, wie andere mich sehen. Ich befreite mich von meinem dummen Stolz und meinen Hemmungen, die mich behinderten wie ein Speckring um die Hüfte und mich davon abhielten, das zu tun, was wirklich für mich zählte.

Inzwischen befindet sich meine Wohnung in einem Zustand, in dem ich sie jederzeit herzeigen kann. Das Gleiche gilt für meinen Rucksack. Ich schäme mich nicht mehr für das, was ich tue. Ab jetzt mache ich nur noch, was mir passt.

6. Ich habe mich geöffnet.

Fast alles, was du tust, ist letzten Endes unwichtig.
Aber es ist wichtig, dass du es tust.

Mahatma Gandhi zugeschrieben

Ich legte meine Hemmungen ab

Ich verfüge über viel Zeit. Ich sorge mich nicht mehr darum, wie andere mich wahrnehmen. Ich erledige meine Hausarbeit mühelos, was mein Selbstbewusstsein stärkt. Die Aufwärtsspirale des Minimalismus hat mich von weit unten bis in luftige Höhen getragen. Die positive Rückkopplung gibt mir das Gefühl, ich könne alles schaffen.

Hier nur einige Abenteuer, die ich wagte, nachdem ich zum Minimalisten geworden war. Früher hätte ich mich diese Dinge nie getraut:

- Ich ging sporttauchen (davon hatte ich jahrelang geträumt).
- Ich ging zu einer Sitzung des Zen-Meisters Ryunosuke Koike und meditiere regelmäßig.
- Ich nahm an einem Yogaprogramm in meinem Fitnessstudio teil (früher fürchtete ich, die anderen Teilnehmer würden sich darüber amüsieren, wie steif mein Körper ist).
- Ich begann, aktiv Leute zu kontaktieren, die ich treffen wollte (und stellte fest, dass Menschen und sogar Promis sich freuen, mich zu sehen).
- Ich traf mich mit Minimalisten aus ganz Japan (und hatte viel Spaß dabei).
- Ich machte viele Bekanntschaften im Internet (jetzt habe ich Freunde im ganzen Land, die ich besuchen gehen kann).
- Ich startete eine eigene Website (früher hielt ich Selbstdarsteller für Narzissten).
- Ich begann zu twittern (früher hielt ich Zwitscherer für … ähm, das lassen wir lieber).

- Ich zog nach über einem Jahrzehnt endlich um (für das Packen brauchte ich eine halbe Stunde, doch das nächste Mal sollten 20 Minuten genügen).
- Ich erklärte einer Frau, die ich für unerreichbar hielt, meine Liebe und ging ein paar Mal mit ihr aus (mein altes Ich hätte sich das nie getraut).
- Ich schrieb ein Buch (mein altes Ich hätte gesagt: »Vergiss es, du machst dich nur zum Gespött«).

Die Frau, die ich liebte, machte irgendwann mit mir Schluss. Heute tröste ich mich mit dem Gedanken, dass sie das tat, weil ich die Idee des Minimalismus noch nicht ganz verinnerlicht hatte: Während ich mit ihr zusammen war, machte ich mir ständig Sorgen, wie sie mich sah.

Als Nächstes möchte ich mein Englisch verbessern und mich mehr im Freien bewegen. Ich würde gern einmal surfen und vielleicht ein bisschen klettern. Außerdem plane ich, den Motorradführerschein zu machen. Was wurde nur aus dem gehemmten Menschen, der ich früher war? Wurde er von Aliens entführt? Wurde ihm unbemerkt ein Chip eingepflanzt? Doch natürlich geschah nichts derartig Spannendes – ich verabschiedete mich lediglich von meinen Dingen.

Ich möchte lieber Dinge bereuen, die ich getan habe, als Dinge, die ich unterlassen habe

Wir alle spüren das Bedauern, Dinge unterlassen zu haben, viel stärker als das Bedauern, bestimmte Dinge getan zu haben. Psychologen sprechen in diesem Zusammenhang vom Zeigarnik-

Effekt: Menschen erinnern sich besser an unterbrochene Aufgaben als an abgeschlossene.

Bestimmt haben es die meisten von uns schon einmal bedauert, einem geliebten Menschen nicht gesagt zu haben, was sie für ihn empfinden. Diese Reue begleitet uns in vielen Fällen ewig. Wir verfluchen unsere Angst und es tut uns leid, dass wir nie über unseren Schatten gesprungen sind. Die Lehre daraus: Wenn du etwas tun möchtest, ist jetzt der richtige Zeitpunkt dafür, auch wenn das Ganze vielleicht in die Hose geht. Nach diesem Motto entstand auch dieses Buch. Vielleicht bereue ich einmal, es geschrieben zu haben. Doch wahrscheinlich hätte ich noch viel mehr bereut, es nicht geschrieben zu haben. Generell lässt sich sagen: Taten machen glücklich.

Minimalisten scheuen weniger Risiken

Wer jahrelang geschuftet hat, um einen bestimmten Lebensstandard zu erreichen und Besitztümer anzuhäufen, wird sich mit Händen und Füßen gegen jede Veränderung sträuben. Nur kein Risiko eingehen, das den Status quo gefährdet. Ob Sie Ihren Job lieben oder nicht – Sie müssen ihn weiterhin ausüben, um Ihren Lebensstandard bewahren und all Ihren Besitz behalten zu können.

Ständig hört man, man müsse seinen Job ertragen, um »Essen auf den Tisch bringen« oder »sich etwas gönnen« zu können. Doch Moment mal! Mit den meisten Dingen, die wir uns so »gönnen«, wollen wir doch nur andere Leute beeindrucken. Der Stolz treibt uns an, nicht ein Bedürfnis.

Wer weniger besitzt, ist frei, jederzeit wegzugehen. Minimalisten machen sich keine Gedanken mehr darüber, wie andere sie wahrnehmen, deshalb können sie sich furchtlos in Experimente stürzen. Das Einkommen, das wir zum Überleben brauchen, sinkt, sobald wir uns von unserem Krempel trennen. Das verschafft uns die Freiheit, bei unseren Jobs wählerischer zu sein.

Früher zögerte ich vor jeder Entscheidung endlos und wog Vor- und Nachteile aller Alternativen genauestens ab. Unablässig suchte ich nach der effizientesten und sichersten Methode, ein Ziel zu erreichen – unternahm aber letztlich nie etwas. Heute handele ich – ohne Rücksicht auf den Status quo. Im Ernst: Minimalisten haben keine Besitztümer, die sie zu verlieren fürchten. Das verleiht ihnen den Optimismus und den Mut, Risiken einzugehen.

Erlebnisse kann uns keiner stehlen

Der vielleicht wichtigste Grund, sich der Welt zuzuwenden und Neues zu erleben, lautet: Niemand kann uns gemachte Erfahrungen rauben. Im Gegensatz zu unserem Besitz tragen wir unsere Erfahrungen in uns und wir können sie überallhin mitnehmen. Egal was geschieht – unsere Erinnerungen bleiben.

7. Ich konzentriere mich darauf, ich zu sein.

Ich bin genauso stolz auf das,
was wir nicht tun, wie auf das, was wir tun.

Steve Jobs

Die stumme To-do-Liste

Sobald wir anfangen, uns von unserem Krempel zu trennen, steigt unsere Konzentrationsfähigkeit.

Moment mal, wieso denn das? Ganz einfach: Dinge liegen nicht einfach nur herum. Sie schicken uns stumme Botschaften. Je länger wir einen Gegenstand vernachlässigen, desto lauter wird seine Klage.

Nehmen wir das Englisch-Lehrbuch, das ich nicht einmal zur Hälfte durchgearbeitet habe, bevor ich es zur Seite legte. Es sieht mich an und flüstert: *Du wirkst gelangweilt. Warum schaust du nicht mal in mich rein?*

Oder die kaputte Glühbirne, die schon lange ausgewechselt werden muss: *Sag nicht, du hast schon wieder vergessen, Ersatz zu kaufen? Ist das wirklich so schwer?*

Oder ein Stapel schmutziges Geschirr: *Schon wieder die alte Geschichte. Ich kann mich einfach nicht auf dich verlassen.*

Selbst Dinge, die wir täglich verwenden, schicken uns Nachrichten. Hören Sie, wie Ihr Fernseher flüstert: *Du hast da noch ein paar Sendungen aufgezeichnet, die solltest du mal ansehen. Übrigens, Abstauben wäre auch mal wieder fällig.*

Und Ihr Laptop: *Ich hätte gern einen hübschen Drucker zum Freund. Geht das?*

Im Bad warnt die Flüssigseife: *Achtung, ich gehe bald zur Neige!*

Und die Bettlaken sagen: *Ich weiß, du bist beschäftigt, aber könntest du uns mal wieder waschen?*

All unsere Dinge sehnen sich nach Beachtung und das sagen sie uns jedes Mal, wenn wir sie ansehen. In unserem Kopf bilden sich geistige Schlangen von all den Dingen, die wieder einmal beachtet werden wollen.

Je mehr Zeug wir anhäufen, desto länger wird die Schlange. Diese Warteschlange nenne ich »stumme To-do-Liste«. Natürlich befehlen uns Dinge nicht wirklich, etwas zu tun. Und anders als bei echten To-do-Listen sitzen uns nicht Chefs oder Kunden im Nacken, bis wir etwas erledigt haben. Doch wenn wir unsere Dinge vernachlässigen, wird die stumme To-do-Liste immer länger – bis unsere 50.000 Jahre alte Hardware irgendwann nicht mehr mitkommt. Dann hängen wir uns auf wie ein überlasteter Computer. Wenn wir uns phasenweise wie gelähmt fühlen und nur herumgammeln, liegt das meiner Ansicht nach daran, dass diese stumme To-do-Liste zu lang geworden ist. Für die wirklich wichtigen Dinge haben wir dann überhaupt keine Energie mehr.

Den wichtigen Dingen ihren verdienten Platz einräumen

Es heißt oft, Menschen mit unaufgeräumtem Schreibtisch könnten nicht besonders produktiv sein. Meiner Ansicht nach hängt das mit stummen To-do-Listen zusammen. Wenn sich auf unserem Tisch Briefe, Formulare und Bücher türmen, steht eine gewaltige stumme To-do-Liste dahinter und raubt uns jede Konzentration. Es braucht ewig, in diesem Haufen irgendetwas zu finden und während wir den Berg nach der wirklichen To-do-Liste durchwühlen, auf die wir uns eigentlich fokussieren müssen, verlieren wir unsere Prioritäten schnell aus dem Blick. In solchen Momenten fühlen wir uns völlig überfordert, unser Selbstbewusstsein saust in den Keller, wir geraten in Stress und wir flüchten, indem wir auf dem Smartphone daddeln, im Internet surfen oder kurz

bei Facebook reinschauen – schneller, als wir glauben, sind wir in einem Teufelskreis gefangen.
Sobald wir weniger besitzen, bekommen wir naturgemäß auch weniger Botschaften von unseren Dingen. Diese wenigen Stimmen können wir dann viel leichter nach Wichtigkeit sortieren. Wenn uns kein tausendstimmiges Gebrüll verwirrt, sondern wir lediglich ein, zwei Botschaften erhalten, haben wir die Kapazität, sofort zu reagieren.

Deswegen können sich Minimalisten leichter konzentrieren. Ohne die stummen Schreie unseres Besitzes nach Beachtung können wir uns auf die wirklich wichtigen Dinge fokussieren.

Lionel Messis Minimalismus

Man schafft es nur dann, sich auf die wichtigen Dinge zu konzentrieren, wenn man die Anzahl unwichtiger Dinge verringert – so lautet das Credo der Minimalisten. Meiner Ansicht nach verkörpert Lionel Messi vom FC Barcelona ein Paradebeispiel dieses Prinzips.

Messi ist bekannt dafür, nicht besonders gern zu laufen, dennoch gilt er als einer der besten Fußballer aller Zeiten. Im Schnitt laufen Profifußballer pro Spiel etwa zehn Kilometer, Messi bringt es nur auf acht. In der Rückwärtsbewegung trabt er oft nur und selbst im Angriff sprintet er nur selten.

Meiner Ansicht nach liegt in genau diesem minimalistischen Stil der Grund für Messis Größe. Weil er nicht ständig rastlos umherhetzt, hat Messi einen unverstellten Blick auf die wenigen Momente, in denen er Vollgas geben muss, um seinen Bewachern zu entkommen. Ansonsten spart er Kraft und konzentriert sich auf das wirklich Wichtige: jene entscheidenden Gelegenheiten, Tore zu schießen.

Steve Jobs, der perfekte Minimalist

Steve Jobs war das Musterbeispiel eines Minimalisten: Er zog immer die gleiche Kleidung an, ließ bei seinen Produkten alles Überflüssige weg und lebte auch sonst nach dem Prinzip des Minimalismus.

Nach seiner Rückkehr zu Apple soll Jobs als Allererstes alte Unterlagen und nicht mehr genutzte Geräte an ein Museum verschenkt haben – er trennte sich gleich von materiellen Dingen. Ihn interessierte es allein, weltbewegende Produkte zu erfinden. Alles andere war nicht wichtig und musste weg.

Er beschränkte die Zahl von Mitarbeitern, die bei Meetings dabei sein mussten. Sah er jemanden, der seiner Ansicht nach zu einem Meeting nichts beizutragen hatte, sagte er ihm ohne Zögern: »Danke, aber dich brauchen wir momentan nicht.« Am liebsten traf er Entscheidungen in einem kleinen Kreis kluger Köpfe.

Bei Apple zählten Ideen mehr als Hierarchien. Auch darin spiegelt sich das minimalistische Prinzip wider. In vielen Unternehmen würde eine tolle Idee eines Designers erst durch Marketing-, Werbe-, Vertriebsabteilung und noch weitere gejagt, bis kaum mehr etwas von ihr übrig bliebe. Jobs hasste Mechanismen dieser Art und schaffte sie ab. Er fand, Projekte würden immer nichtssagender und langwieriger, je mehr Unterschriften es zu ihrer Verwirklichung brauchte. Bei fast all seinen Projekten stellte er anfangs nicht die Frage, was er tun wollte, sondern vielmehr, was er *nicht* tun wollte. In diesem

Sinn war er wirklich ein perfekter Minimalist. Er lebte nach dem Prinzip der Reduktion.

Das Glück liegt im *flow*

Der Psychologe Mihály Csíkszentmihályi untersuchte einen Glückszustand, der bei totaler Konzentration auf eine Sache entstehen kann, und nannte ihn *flow*. Wer sich komplett in etwas versenkt, vergisst nicht nur seine Probleme, er verliert auch jegliches Zeitgefühl. Im Extremfall kann sich selbst die Wahrnehmung des »Ich« auflösen, man fühlt sich zufrieden und freut sich des Lebens.

Der Schlüssel zum *flow* liegt in der Zufriedenheit angesichts der Tatsache, dass die Zeit vergeht. Sieht man sich einen spannenden Film oder eine packende Serienepisode an, vergeht die Zeit zwar unbemerkt, doch ein *flow* stellt sich nicht ein.

Csíkszentmihályi nennt als Beispiel das Spielen von Musik, doch wenn Sie sich jemals so tief in eine knifflige Aufgabe versenkt haben, dass Sie alles andere vergaßen, wissen Sie vermutlich sowieso, was *flow* bedeutet.

Nicht jedem ist es gegeben, *flow*-Zustände zu erleben. Doch wenn Sie in einen *flow* geraten, merken Sie es bestimmt, denn Sie konzentrieren sich schärfer als je zuvor. Diese absolute Konzentration stellt sich oft erst ein, wenn wir alle Ablenkungen beseitigt und unnötigen Krempel ausgemistet haben. Erst dann eröffnet sich uns die Chance auf einen *flow* und das damit verbundene Glück.

Informations-Minimalismus

Menschen bestehen aus 50.000 Jahre alter Hardware. Weder Gehirn noch Körper haben sich in dieser Zeit signifikant verändert. Obwohl jüngere Generationen mit Computertechnik und dem Internet aufgewachsen sind, hat ihr Gehirn nicht plötzlich mehr Speicherkapazität oder ein besseres Erinnerungsvermögen bekommen. Ein überlastetes Gehirn »hängt« sich genauso »auf« wie ein altersschwacher Computer.

Verringern Sie Ihren Besitz, um weniger Botschaften von ihm zu erhalten. Minimalisten brauchen weniger Speicherkapazität für die Verwaltung ihrer Dinge, ihr Gehirn kann ungestörter funktionieren. Für Daten gilt das Gleiche wie für Dinge, folglich sollten wir die Menge an Informationen reduzieren, die täglich auf uns einprasseln. Ich nenne dieses Konzept gern »Informations-Minimalismus«.

Die Antenne einfahren

Wahrscheinlich kennen Sie den Ausdruck »Datenmüll«: Irgendetwas im Web erregt unsere Aufmerksamkeit, wir sind ganz gebannt – und erst hinterher geht uns auf, was für einen Blödsinn wir uns da angesehen haben. Wer zu viel Datenmüll konsumiert, bekommt irgendwann »Datenverstopfung«. Im Experiment lässt sich zeigen, dass Menschen, die mit einem Übermaß an Informationen bombardiert werden, bei Intelligenztests schlechter abschneiden, als wenn sie Marihuana rauchen. Im Leben kann es also nicht darum gehen, möglichst viele »Informationen« zu sammeln, sondern ganz im Gegenteil darum, den Informationsfluss möglichst einzudämmen.

Die Menge verfügbarer Informationen wächst weiterhin wie verrückt. Als Smartphone-Besitzer checken Sie wahrscheinlich ständig E-Mails, ohne sich dessen überhaupt bewusst zu sein, surfen im Internet oder daddeln stundenlang. Anstatt unsere Antennen in die Welt zu strecken, täten wir besser daran, sie einzufahren und die Menge an empfangenen Informationen zu verringern.

Eine Methode, die Antennen einzufahren, besteht darin, die Möglichkeiten des Datenempfangs einzuschränken. Oft hört man von Menschen, die bis zur völligen Erschöpfung auf Facebook herumhängen oder gestresst sind, weil sie ständig erreichbar sind. In seinem Buch *Digital detox no susume* (Digital-Detox-Tipps) gibt Tomohiko Yoneda ein paar originelle Tipps für die digitale »Entgiftung«. Er beschreibt ein Hotel mit einem Daten-Entzugsprogramm, in dem man beim Check-in Smartphone und Laptop abgibt. In manchen smartphone-freien Bars kann man sich voll darauf konzentrieren, mit anwesenden Menschen zu plaudern.

Der Volkswagen-Konzern hat nächtliche und frühmorgendliche E-Mails zwischen Mitarbeitern verboten, bei Daimler werden inzwischen alle E-Mails automatisch gelöscht, die ein Mitarbeiter während seines Urlaubs erhält. Diese Unternehmen versuchen, ihren Angestellten das Leben zu erleichtern, indem sie die Informationsflut eindämmen.

Meditation, Zen und Yoga

Viele Minimalisten meditieren, praktizieren Zen oder machen Yoga, was bei genauerem Hinsehen auch prima zusammenpasst. Wer seinen materiellen Besitz reduziert, lässt sich von seiner Umgebung weniger ablenken und richtet seine Aufmerksamkeit ganz natürlich nach innen.

Früher hegte ich Vorurteile gegen Meditation. Die ganze Denke war mir irgendwie zu new-age-mäßig, zu vage. Doch dann bekam ich die Gelegenheit, an einer Zen-Sitzung mit dem Mönch Ryunosuke Koike teilzunehmen. Ich war hingerissen und fing an, regelmäßig zu meditieren. Beim Meditieren gehen einem die verschiedensten Gedanken durch den Kopf. Man fokussiert sich auf diese Gedanken und achtet allein auf seine Atmung. So lernt man, sich besser zu konzentrieren, auch im Alltag, ganz automatisch. Man übt sich darin, seine Gedanken zu packen und zu steuern. Dank Zen und Meditation läuft mein Gehirn jetzt deutlich besser, als ob ich ein ganz persönliches Betriebssystem aufgespielt hätte. Auch Google und Facebook ermuntern ihre Mitarbeiter, sich zu entspannen. Google hält Meditations-Workshops ab, meines Wissens gibt es sogar Labyrinthe in den Bürogebäuden des Unternehmens, damit die Angestellten Gehmeditation betreiben können.

Minimalismus hilft bei der Konzentration darauf, wer man wirklich ist

Seit ich Minimalist bin, löst sich der Nebel langsam auf, der meine verwirrten Sinne umfing. Früher benahm ich mich wie ein orientierungsloser Student. Was ich las und mir ansah, ließ ich mir von den Medien diktieren – was von der Kritik einhellig gelobt wurde, musste ich einfach lesen oder sehen. Ich beschäftigte mich mit den Großen der Geschichte und ihren Taten, traf aber nie eigene Entscheidungen, sondern konsumierte nur blind Informationen. All das ändert sich allmählich.

Nachdem ich meinen Besitz reduziert hatte, begann ich auch, die Menge an Daten bewusst zu begrenzen. Unnütze Nachrichten, Klatsch und schlechte Stand-up-Comedy blende ich jetzt aus. Ich versuche nicht mehr, in Gespräche einfließen zu lassen, was andere Leute getan haben. Anstatt mich auf die Stimmen anderer zu verlassen, höre ich inzwischen auf meine innere Stimme. Jetzt spüre ich oft, dass ich zu mir selbst »zurückkehre«.

Früher dachte ich, es gebe schon so viele großartige Dinge, dass ich nichts weiter zu dieser Welt beizutragen hätte. Ich sorgte mich so sehr darum, wie andere Menschen mich wahrnahmen, dass ich mich panisch davor fürchtete, Fehler zu machen. Wenn mir etwas Tolles einfiel, verwarf ich die Idee allein deswegen, weil sie von mir kam.

Ich stelle mir das so vor: Früher lebte ein anderes »Ich« in mir. Es hatte die gleiche Größe und Form wie mein aktuelles »Ich«. Doch je stärker ich mich darum sorgte, wie die anderen mich wahrnahmen, desto mehr schrumpfte das innere Ich. Schließlich war es so benommen, dass es kaum noch auf die Füße kam. Doch inzwischen spüre ich, wie das kleine alte Ich wieder gewachsen ist. Minimalismus hat mir die Konzentration geschenkt, mein inneres Ich wieder zu beleben.

8. Ich spare Geld und schone die Umwelt.

Um klug genug zu sein, viel Geld zu verdienen,
muss man blöd genug sein, es zu wollen.

Gilbert Keith Chesterton

Die minimalen Kosten des Minimalismus

Minimalismus ist gut für das Konto: Er hilft beim Sparen und bringt gelegentlich sogar Geld ein.

1. Weniger Besitz bedeutet, dass wir weniger Wohnraum brauchen, was enorm viel Geld spart.
2. Der Verkauf überflüssiger Dinge bringt ein wenig Geld herein.
3. Wir kaufen viel wählerischer ein, geben also viel weniger Geld für den Kauf unnötiger Dinge aus.
4. Wir sind mit dem zufrieden, was wir haben, sehnen uns also nicht nach weiterem Besitz.
5. Minimalismus senkt unseren Stresspegel – wir sparen uns also viel Geld für Alkohol, Süßigkeiten und andere sogenannte Genussmittel, die wir nur zum Stressabbau konsumieren.
6. Wir sorgen uns weniger, wie andere uns wahrnehmen. Infolgedessen geben wir nicht mehr als wirklich nötig für Hochzeiten, Kinderbetreuung, Beerdigungen und anderes aus.
7. Minimalismus im Büro lässt uns effektiver arbeiten, was die Chance auf eine Beförderung steigert.

Führt Minimalismus in die Rezession?

Manche Menschen fürchten, die Konjunktur könnte leiden, wenn immer mehr Menschen Minimalisten werden. Doch so einfach ist das nicht. Natürlich gibt es Minimalisten, denen Besitz wirklich egal ist, andere Minimalisten hingegen lieben ihre Dinge. Wem es hauptsächlich auf einen günstigen Preis ankommt, ist vielleicht mit Geschirr aus einem 1-Euro-Shop zufrieden, während jemand anders Wert auf ein edles Geschirr von einem Kunsthandwerker legt.

Ich gehöre zu den Minimalisten, die Dinge lieben. Zum Beispiel blättere ich gern in Hochglanzzeitschriften und erfreue mich am Anblick all der begehrenswerten Dinge. Neu daran ist, dass ich Dinge nicht nur deswegen kaufe, weil ich sie haben will. Heutzutage gebe ich mein Geld viel bewusster aus, doch natürlich gebe ich weiterhin Geld aus.

Ich stecke mein Geld zum Beispiel lieber in Erfahrungen und Menschen, nicht in Dinge. Ich reise gern und verbringe viel Zeit in der Natur. Ich gebe Geld aus, um zu Menschen zu reisen, die ich sehen will. Ich beteilige mich an spannenden Crowdfunding-Projekten und unterstütze begeistert Menschen, die nach neuen Lebensentwürfen suchen.

Minimalismus spart viel Geld, doch das ist noch nicht alles: Wir lernen, unser Geld anders auszugeben, nämlich für Erfahrungen, Menschen und neue Initiativen statt für Dinge, mit denen wir nur andere beeindrucken wollen. Wir beginnen, unser Geld in das zu investieren, was wirklich wichtig ist.

Müll verringern

Nachdem ich mich von einem Großteil meines Besitzes getrennt hatte, sehnte ich mich danach, in Zukunft auch weniger Müll zu produzieren. Früher hegte ich Vorurteile gegen Lohas (Lifestyle of Health and Sustainability), also Menschen, die gesundheitsbewusst und nachhaltig leben, und gegen Ökos, doch inzwischen denke ich da anders. Früher kaufte ich mein

Wasser im Supermarkt, doch der Plastikmüll störte mich schon immer. Heute verwende ich einen Brita-Wasserfilter. Inzwischen beleuchte ich mein Zimmer abends mit einer Lampe, die sich tagsüber mit Solarzellen selbst auflädt. Seit ich weniger besitze, habe ich auch weniger elektrisch betriebene Geräte, weshalb meine Stromrechnung gesunken ist. Inzwischen versuche ich auch, die Gas- und Wasserkosten möglichst gering zu halten. Sobald man alles um sich herum auf das wirklich Notwendige beschränkt hat, wächst auch der Wunsch, den ökologischen Fußabdruck möglichst klein zu halten – möglichst wenig Müll zu erzeugen und möglichst wenig Energie zu verbrauchen –, kurz: ein einfaches und kompaktes Leben zu führen.

Die uns zur Verfügung stehenden Ressourcen werden irgendwann einmal verbraucht sein. Der Raubbau kann vielleicht noch ein Jahrhundert so weitergehen, aber irgendwann ist Schluss. Dann leben wir zwar nicht mehr, doch das entlässt uns nicht aus unserer Verantwortung für die folgenden Generationen. Es gibt eine Indianerweisheit, nach der man bei jeder Entscheidung sieben Generationen in die Zukunft blicken sollte. In meinen Ohren klingt das ziemlich vernünftig.

Sobald man minimalistisch lebt, verbraucht man kaum noch Energie. Man muss sich gar nicht mehr bemühen, »grün« zu leben – man tut es ganz automatisch. Indem man seinen Besitz minimiert und sich auf ein einfaches Leben besinnt, nimmt man sich eine riesige Last von den Schultern und lebt ressourcenschonender. Und wissen Sie was? Das fühlt sich toll an.

9. Ich bin gesünder und sicherer.

Ein Tisch, ein Stuhl, eine Schale mit Früchten,
eine Geige – was braucht man mehr,
um glücklich zu sein?

Albert Einstein

Minimalisten sind dünn

Ich kenne viele Minimalisten, doch keiner von ihnen hat Übergewicht. Warum wohl? In vielen Büchern zum Thema steht, Gewichtsverlust sei ein schöner Zusatznutzen des Entrümpelns. Manche Autoren führen diesen Effekt darauf zurück, dass das Chi – die Lebensenergie, die alles durchströmt – wieder besser fließe, sobald der Krempel um einen herum in Bewegung gerate, und auf diese Weise nehme man ab. Na ja, die Erklärung ist mir zu esoterisch – aber der Effekt ist ganz real. Ich zum Beispiel habe zehn Kilo abgenommen, seit ich minimalistisch lebe.

Meiner Ansicht nach trugen mehrere Faktoren dazu bei. Oft nehmen wir zu, weil wir mehr essen, als der Körper braucht. Gelegentlich essen wir nur zum Stressabbau. Beim Essen können wir unsere Probleme kurz vergessen. Das Gleiche gilt eindeutig auch für Alkohol.

Sobald man sich von seinem Krempel verabschiedet hat, sinkt der Stresspegel, denn man ist nicht mehr von Dingen umgeben, die einem jede Energie rauben. Außerdem entspannt es ungeheuer, wenn man sich nicht mehr mit anderen misst. Man hat weniger Bedarf, seine Seele mit Süßem, Fettem und Alkohol zu trösten.

Sich bewusst machen, warum man isst

Hat man seinen Besitz auf ein Minimum reduziert, wird man sich seiner Wünsche bewusster. Was ist für mich wirklich wichtig und was begehre ich nur? Wir erkennen die Trennlinie zwischen diesen beiden Kategorien besser – nicht nur bei

Gegenständen, sondern auch bei der Ernährung. Wir werden uns bewusst, wie viel Nahrung wir wirklich brauchen – und essen dann auch nicht mehr als nötig. Indem man sich beim Besitz auf das beschränkt, was man wirklich braucht, schärft man seinen Sinn dafür, wann es »reicht«. Dann fühlt man sich nach Mahlzeiten satt und zufrieden, ohne sich vollgestopft zu haben.

In Japan gibt es die sogenannte *chokomaka*-Methode zum Abnehmen, bei der man – so die wörtliche Übersetzung – rastlos herumwirbelt, um Kalorien zu verbrennen. Vielleicht verliere ich ja auf diese Weise Gewicht: In meiner luftigen, möbelfreien Wohnung habe ich jetzt sogar genug Platz, um Wurfbewegungen wie beim Baseball zu üben. Außerdem verrichte ich gern Hausarbeiten und verbrenne auch dabei eine Menge Kalorien.

Seit ich weniger Dinge mit mir herumschleppe, bin ich auch aktiver, ich gehe viel öfter spazieren. Es mag jetzt übertrieben einfach klingen, aber ich glaube wirklich, dass man abnimmt, wenn man sich von seinem Besitz trennt. Mein früheres Übergewicht gehört wohl endgültig der Vergangenheit an.

Wie Besitz bei Naturkatastrophen zur Gefahr wird

Es heißt, in Japan machten sich manche Obdachlose Sorgen um Hausbewohner. Wer in einem Karton lebt, hat bei Erdbeben nichts zu befürchten – ganz anders als all diejenigen, die in vier Wänden wohnen. Ein Obdach aus Karton fällt bei einem Erdbeben vielleicht zusammen, richtet aber – außer womöglich einer Beule – keinen Schaden an. Einstürzende Häuser hingegen begraben ihre Bewohner unter sich. Je höher sie aufragen, desto tiefer fallen sie in sich zusammen.

Im Mai 2014, nur drei Jahre nach dem katastrophalen Erdbeben von 2011, wurde Tokio von einem Erdbeben der Stärke 6,0 auf der Richter-Skala erschüttert. Früher sprang ich beim ersten Anzeichen eines Erdbebens aus dem Bett und ging in Deckung, damit mir nichts auf den Kopf fiel: Computer, Bücher, Möbel. Doch 2014 hatte ich mich schon weitgehend von meinem Besitz getrennt, weshalb ich einfach liegen bleiben konnte. Auf verwirrende Art fühlte ich mich angenehm geborgen in meiner Wohnung.

Wenn man weniger besitzt, kann einem weniger auf den Kopf fallen. Beim großen Beben 2011 – das sich weit entfernt von Tokio abspielte – krachten in meinem Flur die Bücher dutzendweise zu Boden. Was wäre wohl passiert, wenn das Epizentrum hier in Tokio gewesen wäre? Dann wäre wahrscheinlich das ganze Regal zusammengebrochen, Bücherberge hätten mir den Fluchtweg versperrt. Meine großen Fotoapparate wären vielleicht durch das Zimmer geflogen. Meine liebsten Dinge – die Bücher und die Kameras – hätten mich umbringen können.

Vergessen wir auch nicht, dass der gewaltige Tsunami, der 2011 das nördliche Japan verwüstete, Fotoalben und wichtige Erinnerungsstücke jeglicher Art verschlang. Wer seine wertvollen Erinnerungen digital abspeichert – und zwar nicht nur auf Festplatten, sondern auch in der Cloud – verliert sie bei Katastrophen nicht. Und natürlich drohen nicht nur in Japan Naturkatastrophen. Vielleicht leben Sie ja in einer Gegend, in der es zu Wirbelstürmen, Überschwemmungen oder Waldbränden kommt? Falls ja, könnten all Ihre Besitztümer Ihnen plötzlich gefährlich werden.

Wäre es da nicht eine gute Idee, seine Habseligkeiten zu reduzieren? Je weniger man besitzt, desto weniger geht bei Katastrophen kaputt und desto weniger muss man sich auf Notfälle vorbereiten.

Ich brauche keine 40 Sekunden, um zu türmen

Egal was passiert: Solange ich körperlich unversehrt bin, kann ich jederzeit fliehen. Der Umzug in meine neue Wohnung dauerte eine halbe Stunde, inzwischen habe ich nichts wirklich Wichtiges mehr bei mir zu Hause, nur noch Dinge, die ich jederzeit nachkaufen kann. Ich besitze keine Erinnerungsstücke mehr, deren Verlust ich betrauern würde.

In Hayao Miyazakis Film *Das Schloss im Himmel* weist die Piratin Dora den Bergarbeiterjungen Pazu an, in 40 Sekunden zu verschwinden. In Steven Spielbergs *Krieg der Welten* ruft Tom Cruise den Kindern zu, sie hätten 60 Sekunden zur Flucht, dann kämen die Aliens. So viel Zeit brauche ich nicht. Ich verwahre alle meine Wertsachen und einen Satz Wechselwäsche in einem Köfferchen, das bei Flügen als Bordgepäck durchginge. Ich kann innerhalb von 20 Sekunden aus dem Bett springen, mein Köfferchen schnappen und fliehen. Dieses Gefühl von Sicherheit verleiht mir zusätzliche Energie und senkt mein Stressniveau weiter.

10. Meine Beziehungen haben sich intensiviert.

Der Wert eines Menschen sollte sich daran bemessen,
was er gibt, und nicht daran, was er empfängt.

Albert Einstein

Betrachten Sie Menschen nicht als Objekte

Es gibt da einen sehr schönen Leitfaden, herausgegeben vom Arbinger Institute in Nordamerika, wie man aus seiner »kleinen Box« herauskommt. Er beschreibt, wie persönliche Beziehungen Schaden nehmen können und wie man sie wieder repariert. Als Beispiel wird darin ein vielbeschäftigtes Paar genannt. Der Mann sieht einen Riesenhaufen gewaschene Wäsche im Korb und überlegt, ob er sie zusammenfalten und aufräumen soll, um seine Frau zu entlasten. Doch er verwirft den Gedanken. In diesem Augenblick der Ablehnung des Gedankens begeht er »Selbstverrat«: Er verrät seine eigene Empathie, die er noch einen Moment zuvor spürte.

Zur Rechtfertigung überlegt er, inwiefern er stärker eingespannt ist als seine Frau. Sein Beruf ist anstrengender, für die Wäsche ist ohnehin sie zuständig, außerdem räumt er sie häufiger weg als sie. Schon bald ärgert er sich ganz allgemein, wie schlampig, undankbar und faul seine Frau ist. Nachdem der Mann seinen ersten rücksichtsvollen Gedanken verraten hat, beginnt er damit, seine Untätigkeit zu rechtfertigen, was zu negativen Gedanken der Frau gegenüber führt, die er liebt.

Mittlerweile hat die Frau den Wäscheberg gesehen und beschlossen, ihn wegzuräumen – allerdings beschwert sie sich währenddessen darüber, dass immer sie diejenige ist, die sich um die Wäsche kümmern muss. So setzt sich der Kreis ewig fort. Um ihren Mangel an Empathie zu rechtfertigen, geben die Partner dem jeweils anderen für alles die Schuld, was zu immer stärkeren Spannungen in der Beziehung führt.

Ich kann die Veröffentlichungen des Arbinger Institute zu diesem Thema nur wärmstens empfehlen. Sie lehren uns unter anderem, Menschen nicht als Objekte zu betrachten. Manchmal machen wir uns nicht klar, dass auch Familienmitglieder, Kollegen und Nachbarn Menschen mit Gefühlen sind und keine hochentwickelten Roboter. Dann behandeln wir sie ziemlich rücksichtslos und unsere wichtigen persönlichen Beziehungen leiden.

Enge, herzliche Beziehungen können nur entstehen oder aufrechterhalten werden, wenn wir jede Person als echten Menschen mit Wünschen, Sorgen und Ängsten wahrnehmen. Sobald wir mehr Zeit haben und weniger unter Stress stehen, hören wir wieder auf unsere innere Stimme, die uns zu Rücksichtnahme mahnt. Wir beginnen, anderen Gutes zu tun, und behandeln Menschen wieder als Menschen, nicht als Objekte.

Weniger Eigentum bedeutet weniger Streit

Betrachten wir noch einmal den Wäschestapel, der zu Spannungen zwischen den Ehepartnern führte. Was wäre, wenn die beiden gar nicht so viele Klamotten besäßen? Ließe sich die Wäsche dann nicht viel flotter erledigen?

Seit ich mich von meinem Krempel getrennt habe, erledige ich meine Hausarbeiten sogar gern, einfach weil es so schnell geht. Waschen, Putzen, Abspülen – das alles macht mir nichts mehr aus. Mir, dem König aller Faulenzer!

Und an diesem Zustand wird sich auch nichts mehr ändern – solange ich in einer kleinen Wohnung lebe und nur wenig besitze. In meinen wildesten Träumen kann ich mir sogar ausmalen, wie meine zukünftige Frau die Küchentheke mit einem Lappen abwischt und ich mir denke: *He, das ist nicht fair! Ich wollte das machen!*

Tatsächlich streitet man sich weniger mit seinen Mitbewohnern, wenn man weniger besitzt. Das bestätigten mir alle Minimalisten, mit denen ich während der Recherchen zu diesem Buch gesprochen habe. Ofumi, die ich in Fallbeispiel 3 im Bildteil dieses Buches vorgestellt habe, erklärte mir, sie komme viel besser mit ihrem Mann aus, seit sie sich von all dem überflüssigen Krempel getrennt hätten.

Auch Yamasan aus Fallbeispiel 4 erzählte eine bemerkenswerte Geschichte: Früher, als ihre Kinder eigene Zimmer hatten, hätten sie sich oft gestritten, wer welches Zimmer bekommen sollte. Damit sei Schluss, seit die beiden sich ein Zimmer teilten. Den Kindern sei es tatsächlich lieber zusammenzuleben, sie hätten sich bei ihr dafür bedankt.

Je mehr materielle Dinge man besitzt, desto mehr Energie erfordert die tägliche Hausarbeit. Die Arbeit wächst einem über den Kopf, man gerät unter Stress und ärgert sich über die »Faulpelze« um einen herum. Womöglich fängt man an, sie als Roboter zu betrachten, die gefälligst ebenso viel tun sollten wie man selbst. Trennen Sie sich von möglichst viel Besitz, dann verbessern sich Ihre persönlichen Beziehungen auch wieder, weil es einfach weniger Dinge gibt, die Frust und Spannung erzeugen.

Die Vorzüge kleiner Wohnungen

Kleine Wohnungen bieten zahlreiche Vorteile: Erstens sind sie schlicht sicherer, weil man den gesamten Wohnraum immer im Auge hat – Einbrecher haben keine Chance. Zweitens lernen Kinder besseres Sozialverhalten, wenn sie kein eigenes Zimmer haben, sondern am Küchentisch lernen und arbeiten.

Naoki Numahata, mit dem ich meine Webseite betreibe, erzählt, er streite sich gelegentlich mit seiner Frau. Dabei hielten sich die beiden immer an eine Regel, nämlich nicht davonzulaufen und im eigenen Zimmer zu verschwinden. Lebt man in einer kleinen Wohnung, ist diese Flucht in einen privaten Raum oft überhaupt nicht möglich. Es bleibt einem keine andere Wahl: Man muss sich dem Problem stellen und sich mit dem anderen zusammenraufen.

Kleine Wohnungen wirken sich also positiv auf unsere Beziehungen aus – und billiger sind sie auch noch. Indem Sie sich von Ihrem Krempel trennen, eröffnen Sie sich die Chance, in eine kleinere Wohnung mit all ihren Vorzügen zu ziehen.

Meine »Familie + Fernsehen«-Theorie

Sie kennen das bestimmt: Man trifft sich mit Verwandten, die man eine Zeit lang nicht gesehen hat, aber irgendwann kommt die Unterhaltung ins Stocken. Dann ist die Verlockung groß, den Fernseher einzuschalten. Der liefert bestimmt Gesprächsstoff. Ich nenne das meine »Familie + Fernsehen«-Theorie.

Diese Methode funktioniert in meiner Wohnung nicht, da ich keinen Fernseher besitze. Ich habe lediglich ein Schlafzimmer und ein mehr oder weniger kahles Wohnzimmer. Kein Gast kann meine prächtige Wohnung loben oder fragen, wo ich meine Couch gekauft hätte, um ein Gespräch in Gang zu bringen. Und ich kann keinen Fernseher anmachen und auf die »Familie + Fernsehen«-Strategie zurückgreifen. Ich habe nicht einmal Spiele, die wir zusammen spielen könnten. Ich kann lediglich Tee servieren und plaudern.

Wie sich herausstellte, eignet sich das gemeinsame Teetrinken ideal für Verwandtenbesuche. Genau darum geht es ja bei einer Teezeremonie: Gast und Gastgeber konzentrieren sich voll aufeinander. Mein Wohnzimmer ist im Grunde ein Teehaus, schlicht und leer. Wir sind ganz allein aufeinander zurückgeworfen, auch wenn das Gespräch stockt. Niemand ärgert sich, wenn in einem Teehaus weder Fernseher noch Radio stehen, schließlich geht es dort allein darum, Tee zu trinken und über die Gedanken zu reden, die einem so durch den Kopf gehen.

Das Geheimnis einer glücklichen Ehe

Ich verliere jedes Zeitgefühl, wenn ich andere Minimalisten besuche und mich dort in total aufgeräumten Räumen mit ihnen unterhalte. Wir konzentrieren uns ganz aufeinander und lassen uns von nichts ablenken – was für ein herrlicher Kontrast zu der Unsitte, sich am Tisch gegenüberzusitzen und auf dem Smartphone zu daddeln. Wer das macht, demonstriert, dass er Candy Crush oder die Posts virtueller Freunde in den sozialen Medien gerade interessanter findet als sein Gegenüber. Ich finde, wir sollten uns wieder mehr auf echte, anwesende Menschen einlassen, das würde unseren persönlichen Beziehungen guttun.

Ich habe einmal gehört, das Geheimnis einer glücklichen Ehe bestehe schlicht darin, viel mit seinem Partner zu reden. Eine Studie zeigte, dass glücklich verheiratete Paare pro Woche fünf Stunden länger miteinander kommunizieren als unglücklich verheiratete. Hören wir also auf, uns um unseren Krempel zu kümmern und gar darum zu streiten, hören wir auf, viel Zeit in getrennten Zimmern oder vor dem Fernseher zu verbringen! Dann bleibt uns mehr Zeit für Gespräche.

Die anderen sind auch nur Menschen

Meine Selbstwahrnehmung hat sich stark verändert, seit ich mit dem Ausmisten anfing. Ich bin ein Durchschnittstyp, der sehr wenig besitzt, in unauffälliger Kleidung herumläuft und einfach sein Leben lebt, ähnlich einer Ente oder Schildkröte in ihrem Teich.

Seit ich mich als durch und durch gewöhnlichen Menschen betrachte, sehe ich auch meine Umwelt mit neuen Augen. Der Neid, den ich früher auf alle empfand, die viel Geld, Besitz oder Talent haben, verschwindet allmählich.

Inzwischen schäme ich mich nicht mehr, wenn ich Menschen begegne, die viele Dinge besitzen oder mit besonderen Begabungen gesegnet sind. Umgekehrt werfe ich armen Menschen nicht mehr vor, sich nicht genug anzustrengen. Kein Mensch ist mehr wert als ein anderer, nur weil er viel oder wenig besitzt. Reich oder arm, berühmt oder unbekannt, wir alle sind einfach Menschen, die miteinander in Kontakt treten. Meine Beziehungen zu anderen Menschen sind aufrichtiger geworden, seit ich so denke.

Heute kann ich Mitmenschen schlicht als Mit-Menschen betrachten, ohne sie zwanghaft anhand ihres Besitzes einzuordnen. Umgekehrt werde ich mich wohl auch nie mehr schämen, wenn ich einem anderen Menschen begegne.

Und wenn Sie 100 Freunde hätten?

Ein Kollege, der mir gelegentlich in der Arbeit aushilft, erzählte mir einmal etwas sehr Berührendes. Der Mann, ein wunderbarer Mensch mit einem freundlichen Lächeln und einem gewinnenden Charakter, sagte, zu seinen Geburtstagspartys kämen immer ungefähr 100 Freunde, und jeder bringe eine Flasche Wein mit, sein Lieblingsgetränk.

Ich lauschte ihm neiderfüllt – ich selbst habe nur wenige Freunde. Wer so viele teure Freunde hat, die gern mit ihm feiern, fühlt sich bestimmt nie einsam oder verlassen. Und man kann sich sicher sein, dass es immer viele Menschen gibt, auf die man sich verlassen kann, wenn man einmal in Schwierigkeiten ist.

Er selbst, erzählte der Mann, gehe etwa alle drei Tage auf die Geburtstagsparty eines Freundes oder einer Freundin. Ich schätze, wenn man 100 Freunde hat, dann wollen sie alle auch mit einem feiern – was bedeutet, dass man jeden dritten Tag auf eine Party eingeladen ist.

Und wenn Sie nur ein paar enge Freunde hätten?

Es gibt den Spruch, ein Mensch brauche nur drei enge Freunde. Und, ja, wenn wir jeden dieser Freunde einmal in der Woche sähen, wäre das Leben höchst zufriedenstellend. Auch bei Freundschaften kann Minimalismus etwas Wunderbares sein. Wir bilden uns ja gern ein, mehr Freunde und Bekannte seien besser als weniger. Doch wenn man zu viele Freunde hat, fällt für jeden Einzelnen nicht mehr genug Aufmerksamkeit ab, obwohl das doch der Grund dafür ist, weshalb man Freundschaften schließt.

Versuchen Sie doch einmal, die Zahl Ihrer oberflächlichen Beziehungen so zu reduzieren, bis Sie jedem verbleibendem Freund die nötige Aufmerksamkeit und den Respekt entgegenbringen können, die er verdient. So wie materielle Dinge, die wir wirklich brauchen, irgendwie immer zu uns zurückfinden, sollten sich auch die Beziehungen zu unseren echten Freunden immer wieder kitten lassen. Übertreiben Sie es aber nicht beim Reduzieren Ihrer Freundschaften. Im Film *Into the Wild* hinterlässt die Hauptfigur Chris McCandless uns ein prima Lebensmotto: »Glück ist nur echt, wenn man es teilt!«

Die Insel der langlebigsten Menschen

McCandless hat vollkommen recht: Was im Leben zählt, sind Menschen, mit denen wir unser Glück teilen können. Der Psychologe Ed Diener kam bei seiner Forschung zu dem Ergebnis, dass Menschen mit einem starken Glücksgefühl eine um 9,4 Jahre höhere Lebenserwartung haben.

Nirgendwo auf der Welt leben die Menschen länger als auf der wunderschönen italienischen Insel Sardinien. Im Schnitt erlebt einer von 4.000 Inselbewohnern seinen 100. Geburtstag. Und in einem sardischen Dorf wohnen dem Guinness-Buch der Rekorde zufolge die ältesten Geschwister der Welt: Neun Brüder und Schwestern brachten es 2012 zusammen auf 818 Jahre. In jenem Dorf sind mehr oder weniger alle Bewohner zumindest weitläufig miteinander verwandt, jeder kennt jeden, man kommt miteinander aus, das tägliche Leben ist angenehm. Verwandte leben so nahe beieinander, dass sie sich jederzeit sehen können, und der menschliche Zusammenhalt im Dorf ist naturgemäß groß. In solchen Gemeinschaften, wo Liebe großgeschrieben wird, erreichen die Menschen ein hohes Alter.

Auch auf der japanischen Insel Okinawa erfreut sich die Landbevölkerung einer hohen Lebenserwartung. In den Dörfern gilt traditionell jeder Mensch, den man trifft, als Bruder bzw. Schwester. Die Alten passen auf die Kinder des Viertels auf, die Menschen vertrauen einander und genießen das Gemeinschaftsgefühl.

Je glücklicher Menschen sind, desto älter werden sie. Diese Erkenntnis bestätigt sich, wenn man Greise und Greisinnen befragt: Sie berichten fast ausnahmslos, dass enge Beziehungen für sie eine wichtige Rolle spielen. Man braucht keine 100 Freunde, man kommt sogar ohne Verwandtschaft klar. Doch es ist wissenschaftlich belegt, dass gute Beziehungen zu Nachbarn und engen Freunden für das Glück unerlässlich sind.

Spiegelneuronen und eingebaute Freundlichkeit

Mahatma Gandhi, der auch Besitzlosigkeit predigte, sagte einmal: »Ein freudlos verrichteter Dienst hilft weder dem Diener noch dem Bedienten. Doch alle Freuden und Besitztümer verblassen im Vergleich zu einem freudig verrichteten Dienst.« Natürlich können wir den Menschen nicht so dienen, wie Gandhi es im Laufe seines Lebens getan hat, doch es stimmt: Wir empfinden Freude, wenn wir etwas für andere tun. Wir geben ihnen etwas und sie wirken glücklich. Wir sehen sie lächeln und das bringt wiederum uns zum Lächeln. Dann vergessen wir alle Mühen, die wir vielleicht auf uns genommen haben. Wie ist das möglich?

Offenbar macht es uns glücklich, wenn wir anderen einen Gefallen erweisen können. Darauf zumindest weisen erste Forschungsergebnisse hin. Nach Ansicht der Wissenschaft sorgen Spiegelneuronen in unserem Gehirn dafür, dass wir Gefühle nachempfinden, die wir lediglich beobachten. Wir sehen das Lächeln im Gesicht unseres Gegenübers – und werden selbst glücklich. Umgekehrt verzerren Sie wahrscheinlich auch das Gesicht, wenn Sie beobachten, wie *jemand anderes* vom Rad stürzt. Möglicherweise liegt in dieser Spiegelung der Grund, warum Bücher, Serien oder Filme uns so packen können. Wir leiden mit, wenn es dem Helden schlecht ergeht, und freuen uns, wenn alles gut endet. Spiegelneuronen wecken Empathie in uns.

Darüber hinaus gibt es weitere Mechanismen, wie wir uns in andere hineinversetzen. Angenommen, Sie betrachten Videoaufnahmen, auf denen mehrere Menschen versuchen, ein Kind aus einem reißenden Fluss zu retten. Allein der Anblick dieser Szene ergreift Sie und lässt Sie vielleicht eine Träne vergießen. Das bedeutet aber nicht notwendigerweise, dass Sie ein besonders weiches Herz hätten: Allein die Beobachtung, wie Menschen anderen Menschen helfen, sorgt in unserem Gehirn für die Ausschüttung von Endorphinen – Neurotransmittern, die Glücksgefühle auslösen. Helfen wir selbst, passiert das Gleiche. Wir kennen alle das wohlige Gefühl, das sich einstellt, wenn wir im Zug einer Schwangeren unseren Platz überlassen oder einem alten Mann eine heruntergefallene Münze aufheben. Für diese Gefühle sind die Endorphine verantwortlich. In gewissem Sinn sind wir auf Empathie programmiert, weil es uns glücklich macht, nett zu anderen Menschen zu sein. Dieser

Umstand erlaubt es uns, als soziale Wesen in einer Herde zusammenzuleben. Wenn wir uns von einem Großteil unseres Krempels trennen, bleibt uns mehr Zeit und Energie für persönliche Beziehungen. Wir brauchen keine Dinge, die uns glücklich machen sollen – wir tragen ja bereits ein System in uns, das uns glücklich macht, wenn wir uns mit den Menschen um uns herum verstehen.

11. Ich kann den Augenblick genießen.

Der Unterschied zwischen Vergangenheit,
Gegenwart und Zukunft ist eine Illusion,
wenn auch eine hartnäckige.

Albert Einstein

Ich denke nicht über die Zukunft nach

Ich habe mich von einer Menge an Dingen verabschiedet. Während des Ausmistens fragte ich mich bei jedem Gegenstand, ob er mir *jetzt* nützte – und nicht, ob er mir vielleicht irgendwann in der Zukunft nützen könnte. Seit dieser Übung, bei der ich mich total auf die Gegenwart konzentrierte und das *Irgendwann* bewusst ausblendete, mache ich mir überhaupt keine Sorgen mehr über die Zukunft. Wie merkwürdig! Dabei habe ich doch nur ausgemistet!

Der Versuch, Geschirr abzuspülen, das noch gar nicht schmutzig ist

Früher machte ich mir ständig Sorgen. Unablässig grübelte ich über Unwägbarkeiten nach, die die Zukunft für mich bereithalten könnte. Ich arbeitete im Verlagswesen, einer schrumpfenden Branche. Als Lektor zeichnete ich mich durch nichts Besonderes aus und ich beherrschte auch nicht gerade einen besonders breiten Bereich. Jeder größere Einbruch bei den Geschäftszahlen konnte meine sofortige Entlassung bedeuten und mit 35 Jahren würde ich auch kaum noch in eine andere Branche wechseln können. Ich war ein kinderloser Junggeselle ohne enge Freunde – es drohte mir ein einsamer Tod. Ich wusste, dass ich schwarzmalte, dennoch fürchtete ich mich vor der Zukunft.

Eines meiner Lieblingszitate aus Dale Carnegies *Sorge dich nicht, lebe!* bringt meinen damaligen Denkfehler prima auf den Punkt: »Ich wollte das Geschirr von heute und gestern waschen und dazu das von morgen, welches noch gar nicht schmutzig war.« Heute muss ich allein das Geschirr spülen, das ich im Laufe eines Tages benutzt habe. Wer heute schon über das Geschirr nachgrübelt, das er morgen, übermorgen und das ganze nächste Jahr abwaschen muss, verzweifelt und schafft es nicht einmal, das heutige Geschirr zu erledigen. Jobverlust, Ehe, Kinder, Rente, Krankheit und ein einsamer Tod – das war mein zukünftiges Geschirr, welches noch nicht einmal schmutzig war.

Während des Ausmistens lernte ich eine Menge. Mir wurde klar, dass ich Dinge, die ich vielleicht einmal in der Zukunft brauchen würde, bei Bedarf immer würde nachkaufen können – sollte ich sie tatsächlich jemals wieder brauchen.

Natürlich besteht die Möglichkeit, dass ich meinen Job verliere und später allein sterbe. Doch ich habe gelernt, mich erst dann mit solchen Eventualitäten zu befassen, wenn sie eingetroffen sind.

Tschüss, alter Krempel, tschüss, altes Ich

Nach der gleichen Logik trennte ich mich von allen Dingen, die ich *früher* einmal gebraucht hatte. Die Frage, was ich *jetzt* brauchte, half mir dabei, mich von all den Dingen zu lösen, die mein altes Ich einmal benötigt hatte. Heute besitze ich nichts mehr von dem, was ich früher für einen Teil meiner selbst hielt. Heute bin ich einfach Mensch und weiß, dass ein Gegenstand unmöglich ein Teil meiner Persönlichkeit sein kann.

Früher war ich ein grüblerischer Einzelgänger, doch jetzt habe ich nichts mehr, das daran erinnert. Nach dem Entrümpeln blieb nur noch die Gegenwart übrig. Indem ich den alten Krempel rauswarf, löste ich mich auch von meinem alten Ich.

Ich entsorgte alles, was ich vielleicht irgendwann noch brauchen könnte, zusammen mit allem, was ich früher benötigte. Übrig blieb nur, was wirklich zählt: die Gegenwart.

Nur die Gegenwart lässt sich erleben

Allein der Mensch verfügt über die Fähigkeit, sich die Zukunft auszumalen. Doch wie im zweiten Kapitel gesehen, liegen wir mit unseren Prognosen oft völlig falsch. Wir schaffen es vielleicht gerade noch, die unmittelbare Zukunft korrekt vorherzusagen. Blitzartig überschlagen wir, ob wir vor einem Feind flüchten sollen oder lieber kämpfen. Spontan entscheiden wir, in welche Richtung wir laufen müssen, um eine Beute zu erhaschen. Wir wissen, wie wir uns unmittelbar nach dem Kauf eines iPhones fühlen. Doch kein Mensch auf Erden kann ermessen, wie er sich ein Jahr später beim Anblick desselben iPhones fühlen wird.

Doch selbst wenn wir unsere Zukunft korrekt prognostizieren würden, kann niemand die Zukunft erleben. Wir können sie uns zwar ausmalen, aber wir werden Zukunftsszenarien niemals so intensiv erleben wie unsere Gegenwart.

Analog kann niemand die Vergangenheit so lebendig nachempfinden, wie wir die Gegenwart wahrnehmen. Was vorbei ist, verblasst ganz unweigerlich. Das Einzige, was wir wieder wachrufen können, sind verarbeitete Höhepunkte unserer Erinnerungen. Gelänge es einem Menschen wirklich, die Vergangenheit ebenso intensiv mit seinen fünf Sinnen zu erleben wie die Gegenwart, würde er sich wahrscheinlich in seinen Erinnerungen vollkommen verlieren und auf ewig die Highlights seines Lebens wiedererleben.

Weder Zukunft noch Vergangenheit existieren, es gibt lediglich eine ewige Gegenwart. Nur das *Jetzt* lässt sich erfahren. Das meinte Albert Einstein meiner Ansicht nach, als er sagte, die Unterscheidung von Vergangenheit, Gegenwart und Zukunft sei eine Illusion.

Ein Mensch, der ständig seufzt

Wer immer auf die Zukunft starrt, missachtet die Gegenwart. Murrend erduldet er vieles, um sich eine glorreiche Zukunft zu verdienen. Doch man kann nur in der Gegenwart etwas erleben, was bedeutet, dass diese ewigen Dulder auch in Zukunft vor sich hin seufzen werden. Oder wie ich es gern ausdrücke: Wer heute motzt, motzt wahrscheinlich auf ewig. Wenn du wirklich etwas verändern willst, dann fang sofort damit an! Es gibt kein Morgen, keine nächste Woche, auf die man hoffen darf. Sobald morgen da ist, ist es heute. Heute in einem Jahr wird heute sein, wenn die Zeit gekommen ist. Alles findet im *Jetzt* statt.

Seit ich mich von allen Dingen getrennt habe, die ich nur der Vergangenheit oder einer vagen Zukunft zuliebe besaß, denke ich nur noch über die Gegenwart nach. Ohne all den Besitz verfüge ich über die Freiheit und Beweglichkeit, mich an alles anzupassen, egal was die Zukunft so bringen mag. Es ist überhaupt eine merkwürdige Formulierung: »was die Zukunft so bringt«. Als könne die Zukunft tatsächlich etwas in unsere Gegenwart bringen. Ich vergleiche mich nicht mehr mit anderen und ich wappne mich auch nicht mehr für eine ferne Zukunft. Egal ob ich morgen reich oder arm sein werde, traurig oder glücklich – ich beschäftige mich damit, wenn es soweit ist. Nur die Gegenwart zählt.

12. Ich bin dankbar.

Es gibt zwei Arten, sein Leben zu leben: entweder so, als wäre nichts ein Wunder, oder so, als wäre alles eines.

Albert Einstein zugeschrieben

Die Dankbarkeit für das Wenige, das bleibt

Vor einer Weile, als ich noch mitten im Prozess des Ausmistens steckte und meine Wohnung schon ziemlich luftig geworden war, lag ich im Bett und erlebte ein seltsames neues Gefühl: Aus irgendeinem Grund erfüllte mich Dankbarkeit für all die Dinge, die mir noch blieben. Dieses Gefühl hatte ich während der Zeit, als ich ständig Neues kaufte, nie. Früher hatte ich mir immer nur Gedanken darüber gemacht, was ich *nicht* hatte. Nie wäre mir eingefallen, für das dankbar zu sein, was ich schon hatte. Ich besaß ein Bett, einen Tisch, sogar eine Klimaanlage. Ich konnte bequem schlafen, duschen, kochen und meinen Lieblingsbeschäftigungen nachgehen. Ich hatte eine Wohnung, in der ich mich entspannen konnte.

Doch all der Krempel erstickte meine Dankbarkeit. Wann kam ich jemals dazu, meinem Fernseher, meinem alten Blu-Ray-Recorder, meinem Heimkino, all den Fernbedienungen und dem ganzen Rest zu danken? Dankbarkeit stellt sich erst ein, wenn man wenig besitzt. Inzwischen bin ich sogar dankbar für das Dach über dem Kopf, das mich vor Wind und Regen schützt.

Nur Dankbarkeit kommt gegen Langeweile an

Nur Dankbarkeit ermöglicht es, aus dem Teufelskreis von Erregung-Vertrautheit-Langeweile auszubrechen, den ich im zweiten Kapitel beschrieben habe. Dankbarkeit erlaubt uns, unseren Alltag mit frischen Augen zu betrachten: Solange wir uns bewusst machen, wie sehr wir unsere Dinge schätzen, nehmen wir sie niemals für selbstverständlich. Dankbarkeit hält die Erregung am Leben, verschafft uns aber viel mehr Seelenfrieden als der Kick, den wir bekommen, wenn wir etwas Neues kaufen und den Haufen an Krempel noch ein bisschen höher türmen.

Egal wie viel wir zusammenraffen – solange wir für unsere Dinge keine Dankbarkeit empfinden, werden sie uns irgendwann langweilen. Umgekehrt genügen schon wenige Sachen, um zufrieden zu sein, solange wir nur dankbar für sie sind.

Der Gesang der *Fünf Gedanken*

Es gibt einen buddhistischen Gesang, der vor Mahlzeiten angestimmt wird. Er heißt *Gokan no Ge* oder die *Fünf Gedanken.*

1. Denke nach, woher die Nahrung vor dir kommt – wie sie angebaut, zubereitet und serviert wurde.
2. Denke über deine Tugenden und dein Verhalten nach. Bist du der Mahlzeit würdig?
3. Konzentriere dich allein auf die Mahlzeit vor dir, nimm dir Zeit für sie und denke an nichts anderes.
4. Iss nicht wie ein Gourmet, urteile nicht, ob das Mahl schmeckt oder nicht. Es dient einzig der Lebenserhaltung.
5. Iss so, dass du die Ziele verfolgen kannst, die du anstrebst.

Der Gesang wirkt Wunder. 1.000 Mahlzeiten, vor denen man sich diese fünf Gedanken gemacht hat, bereichern und erfüllen mehr als 1.000 Mahlzeiten in Sternelokalen. Steve Jobs soll sich

33 Jahre lang täglich vor dem Spiegel gefragt haben, ob er den Tag anders planen würde, wenn es der letzte seines Lebens wäre. Mit dieser Frage überprüfte er regelmäßig, ob er sich noch auf dem richtigen Weg befand.

Die fünf Gedanken stellen eine gute Möglichkeit dar, das eigene Verhalten täglich zu hinterfragen. Ich bin kein Gourmet mehr. Verstehen Sie mich nicht falsch, nach wie vor genieße ich gutes Essen und schätze gute Zutaten. Aber heute suche ich nicht mehr ewig im Internet nach tollen Lokalen. Es ist mir egal ob Leute mich für einen Gourmet halten. Solange ich mir meine Dankbarkeit für jede Mahlzeit bewusst mache, kann ich mich auf das konzentrieren, was vor mir steht, und es wertschätzen.

Dankbarkeit ist keine Methode

Dankbarkeit ist eine mächtige Sache. Wie wichtig es ist, dankbar zu sein, muss ich wohl im Ethikunterricht in der Grundschule gelernt haben, doch ich hatte diese Lektion komplett vergessen. Erst Jahrzehnte später ging mir die Bedeutung dieses einfachen Wortes wieder auf.

Ich beschloss, zukünftig für alles dankbar zu sein. Ich dachte, ich könnte Dankbarkeit als Methode nutzen. Doch dann las ich zu meinem Erstaunen in *Kamisama tono Oshaberi* (Unterhaltung mit Gott) von Mitsuro Sato, dass man wahre Dankbarkeit nur dann verspürt, wenn man glücklich ist.

Stellen Sie sich eine Situation vor, in der Sie laut ausrufen wollen: »Ich bin glücklich!« Sie liegen zum Beispiel in einem großen Whirlpool in einem hübschen Hotel und freuen sich auf ein fantastisches Essen, das Sie erwartet. Wer würde sich in einer solchen Situation nicht glücklich fühlen? In solch paradiesischen Umständen fällt es leicht, dankbar zu sein. Ich würde mich wahrscheinlich im heißen Wasser räkeln und mir sagen, was für ein Glück ich doch hätte. Dankbar wäre ich sicher auch.

Damals ging mir auf, dass Dankbarkeit keine Methode ist, sondern Teil des Glücks – Dankbarkeit ist Glück. Psychologische Studien haben gezeigt, dass Menschen umso glücklicher sind, je häufiger sie die Gelegenheit bekommen, dankbar zu sein. Bedenkt man, dass Dankbarkeit Glück *ist*, kann das nicht weiter überraschen.

Jetzt Dankbarkeit spüren

Wie bereits im letzten Abschnitt besprochen, lässt sich nur die Gegenwart erleben. Niemand kann die Vergangenheit wirklich neu durchleben, niemand kann die Zukunft mit allen Sinnen spüren. Wir erleben nur, was jetzt geschieht. Alles passiert in der Gegenwart. Was, wenn wir diese Erkenntnis jetzt mit einer positiven, dankbaren Haltung verbinden?

Versuchen wir es kurz. Versuchen wir, den Augenblick zu genießen. Es ist Mitternacht. Ich sitze allein in einem menschenleeren Schnellrestaurant und fühle mich einsam ... Doch, Augenblick, das Restaurant hat zu dieser Tageszeit allein für mich noch geöffnet. Ich trage meine übliche Kleidung – sie ist abgetragen, aber wunderbar bequem. Der Kellner war nicht besonders freundlich ... doch er brachte mir mein Essen schnell und wünschte mir sogar guten Appetit. Mein Stuhl ist nichtssagend ... doch ich bin dankbar, dass ich stundenlang auf ihm sitzen kann, ohne Schmerzen zu bekommen. Die Getränkestation ist gewöhnlich ... doch ich darf mir beliebig viel Kaffee holen und Tassen und Gläser glänzen makellos sauber. Ich verlasse das Restaurant und spüre angesichts der vielen Pärchen ein wenig Neid – aber ich habe wunderbare Erinnerungen an ähnliche Momente.

Oder vielleicht befinde ich mich auf meiner morgendlichen Fahrt ins Büro. Die Pendelei nervt mich ziemlich, heute stecke ich an der Schranke hinter jemandem fest, der Probleme mit seiner Fahrkarte hat. Wahrscheinlich hat er die Karte nicht aufgeladen ... aber diese Karten sind fantastisch. Eine tolle Erfindung, so praktisch, man kann damit sogar am Kiosk einkaufen. Zwei Menschen stehen nebeneinander auf der Rolltreppe und unterhalten sich, während ich vorbei will ... doch es ist schön zu sehen, dass sie auf der Seite ein wenig Platz für besonders Eilige lassen. Im Zug drängeln sich die Passagiere wie üblich ... doch, Moment mal, ich bin dankbar, dass es viele Menschen gibt. Zum Glück gab es keine Apokalypse, die ich als einziger überlebte, wie man es in Filmen manchmal sieht. Es ist so heiß heute ... doch im Büro laufen Ventilatoren und Klimaanlage auf Hochtouren. Dort erwartet mich die übliche Arbeit ... aber sie macht Spaß und erfüllt mich, solange ich mich reinhänge. Der nervige Kollege ruft sicher wieder an und mäkelt über irgendwas ... doch ich nehme das als Chance, daraus zu lernen. Wahrscheinlich ist mein Kollege auch müde. Ach, wären meine Untergebenen doch etwas selbstständiger, andererseits helfen sie mir jederzeit gern aus und beklagen sich nie. Ich arbeite in letzter Zeit ständig zu lange, ich bin erschöpft – aber nicht krank. Ich bin gesund und bewältige ein großes Pensum.

Wow! Verblüffend, wie viel alltägliches Glück ich spüre, wenn ich so denke! Und Sie? Wenn wir im Hier und Jetzt nach

Gründen für Dankbarkeit suchen, macht uns das positiver, toleranter und großzügiger. Wir öffnen uns dem täglichen Glück, und diese Offenheit verändert letztlich die Realität.

5

Glücklich sein
statt glücklich werden

Vergessen Sie Ihre Vorstellungen davon, was Glück bedeuten *sollte*

Die Gesellschaft definiert für uns, was uns glücklich machen soll: Festanstellung, Heirat, Familie, zwei Kinder, Ruhestand, Enkel. So lautet das Standardrezept und die meisten von uns glauben (letztlich), dass es sie zum Glück führen wird.

Die positive Psychologie, ein Zweig der Psychologie, der sich damit befasst, was Menschen stärkt und was ihr Wohlbefinden fördert, kommt allerdings zu ganz anderen Ergebnissen. Der Psychologin Sonja Lyubomirsky zufolge ist unser Glücksniveau zu 50 Prozent genetisch vorbestimmt. Weitere 40 Prozent werden von unserem täglichen Verhalten bestimmt, und unsere aktuellen Lebensumstände (Wohlstand, Wohnort, Gesundheitszustand, Ehestand usw.) tragen läppische 10 Prozent zum gesamten Glücksempfinden bei.

Das überrascht Sie wahrscheinlich – viele Menschen würden wohl eher denken, das Glück hänge zu 90 Prozent von äußeren Umständen ab und zu 10 Prozent von genetischen Faktoren. Diese Menschen glauben dann, Lottogewinner wären bis an ihr Lebensende glücklich. Genauso viele Leute nehmen vermutlich an, dass 90 Prozent des Glücksgefühls genetisch vorbestimmt seien und die Lebensumstände nur 10 Prozent beitrügen. In diesem Fall wäre es ganz einfach, glücklich zu werden – vorausgesetzt, man hat den Hauptpreis in der Genlotterie gezogen.

Unsere Gene bestimmen 50 Prozent unseres Glücks

Studien mit getrennt aufgezogenen eineiigen Zwillingen legen nahe, dass das persönliche Glücksgefühl zur Hälfte von den Genen bestimmt wird: Unsere Grundzufriedenheit ist ebenso naturgegeben wie unsere Augenfarbe. Das bedeutet nicht, dass unser Aussehen oder unsere Intelligenz unser Glück bestimmt, sondern dass wir ein bestimmtes Level an Glücksempfinden erben. Egal wie schlimme oder wunderbare Dinge wir erleben – unsere Grundzufriedenheit bleibt die gleiche.

Die Hälfte unseres Glücksempfindens wird also von dieser natürlichen Grundzufriedenheit bestimmt. Schon von Kindesbeinen an entwickeln wir eigenständige Persönlichkeiten. Manche Kinder lächeln einfach gern, es ist ihnen angeboren. Sie zwingen sich nicht zum Grinsen, um glücklich zu werden. Solche Menschen sehen immer an allem das Positive, egal was ihnen passiert. Fröhliche Menschen bringen auch ihre Umgebung zum Lächeln. Doch keine Angst, wenn Sie nicht zu diesen Frohnaturen gehören! Sie sind dann nicht zum Leiden verdammt, schließlich bestimmen die Gene unser Glück nur zur Hälfte.

Das Glücksempfinden hängt nur zu 10 Prozent von den Lebensumständen ab

Das scheint auf den ersten Blick nur schwer zu glauben. Tatsächlich nimmt unser Lebensglück dramatisch zu, wenn ein Mindestmaß an Sicherheit gewährleistet ist, für regelmäßige Mahlzeiten gesorgt ist und wir einen Platz zum Schlafen haben. Bis zu diesem Punkt lässt sich Glück sogar kaufen. Doch jede weitere Verbesserung darüber hinaus steigert unser Glücksempfinden kaum noch. Ein verstörender Gedanke, oder? All das, wonach wir im Leben streben – Job, Einkommen, Häuschen, Ehe, Kinder –, trägt nur 10 Prozent zu unserem Glück bei.

Das liegt daran, dass wir uns an Dinge gewöhnen. Egal wie viel wir besitzen, egal ob wir in einer Luxusvilla am Meer oder in einer einfachen Hütte in Sibirien leben: Unser Lebensglück beeinflusst das kaum. Dieses Phänomen wurde in zahlreichen Studien bestätigt. Natürlich schlagen sich große Ereignisse zunächst stark auf die Stimmung nieder. Ein Lottogewinn wird als gewaltiger Kick empfunden, man schwebt auf Wolke sieben. Der Tod eines geliebten Menschen macht uns tieftraurig. Die Diagnose einer Querschnittslähmung stürzt uns in Verzweiflung. Doch die meisten Menschen gewöhnen sich erstaunlich schnell an neue Umstände.

Die Standardformel unserer Gesellschaft für ein glückliches Leben lautet: Besuche eine gute Schule, heuere bei einem guten Unternehmen an, heirate, bekomme Kinder, kaufe ein Haus, spare für die Rente und erfreue dich daran, mit deinen Enkelkindern zu spielen. Doch egal wie viel wir davon erreichen – wir gewöhnen uns an jede Sprosse der Leiter, die wir erklimmen.

Unser Glück hängt zu 40 Prozent von unseren Taten ab

Kommen wir jetzt zu den restlichen 40 Prozent unseres Glücks, zu dem Anteil, den wir mit unseren Handlungen beeinflussen. Wussten Sie übrigens, mit welcher Methode bei den oben erwähnten Studien das Glücksgefühl von Menschen ermittelt wurde? Ganz einfach: durch direkte Befragung. Die Forscher fragten die Teilnehmer beispielsweise: »Sind Sie, auf lange Sicht gesehen, mit Ihrem Leben zufrieden?« Wenn Menschen sich glücklich fühlen, werden in ihrem Gehirn aber auch Neurotransmitter ausgeschüttet, anhand derer sich das Glücksgefühl ermitteln lässt.

Diese Substanzen lassen sich natürlich nur in Laborsituationen nachweisen, man kann also nicht sagen, ob die Ergebnisse auch im Alltagsleben gültig sind. Schließlich lassen sich diese Messungen nicht über ein ganzes Leben hinweg ständig durchführen. Im Experiment ist Glück etwas, das man persönlich so einschätzt und empfindet.

Glück ist, wie du es interpretierst. Glück ist nichts da draußen, das Glück liegt in dir. Das Glück ist immer in deinem Herzen. Verschiedene Menschen nehmen ganz unterschiedliche Dinge als »Glück« wahr – und alle haben sie recht. Glück ist immer ein persönliches Empfinden. Angenommen, Sie sehen einen Menschen ohne Regenschirm durch einen Wolkenbruch wandern. Sie bemitleiden ihn, doch vielleicht fühlt er sich überglücklich. Womöglich genießt er es ja, seinem Büro entkommen und an der frischen Luft zu sein. Deswegen bestimmen unsere Handlungen unser Glück zu 40 Prozent: Glück ist kein Zustand, den man erreicht, indem man bestimmte Kriterien erfüllt. Glück lässt sich nur im Augenblick erfahren.

Man kann nicht glücklich »werden«

Ein Bekannter sagte mir einmal: »Das Einzige, was zu meinem Glück noch fehlt, sind Kinder.«

Er glaubte, sobald er Kinder hätte, würde er – dauerhaft – glücklich. Viele Menschen denken ähnlich. Sie hoffen, sobald sie ein bestimmtes Ziel erreicht hätten, »würden« sie glücklich. Dahinter steht die Vorstellung, den Gipfel des »Glücksberges« zu erreichen, auf dem man dann den ganzen Rest seines Lebens bleiben kann. Oder die Idee, einen »Glücksmarathon« zu laufen, bei dem man die Ziellinie überquert und eine Medaille mit der Aufschrift »Glück« umgehängt bekommt. Doch Glück ist kein Gipfel und keine Ziellinie. Man kann nicht glücklich »werden«. Jeder Erfolg erfreut uns einen Augenblick lang, allerdings gewöhnt man sich rasch an dieses Gefühl. Der neue Zustand wird Teil des Alltags und wir nehmen ihn als selbstverständlich hin.

Klar haben es Lottogewinner schön. Sie können ihren ungeliebten Job hinschmeißen und müssen sich keine Sorgen um die Zukunft machen. Sie dürfen ohne Geldsorgen das Leben genießen. Doch sie haben keine Ahnung, wie sie sich ein Jahr nach dem Lottogewinn fühlen werden. Tatsächlich wird ein Großteil der anfänglichen Freude verflogen sein. Wir gewöhnen uns an Veränderungen, selbst an gewaltige.

Wie soll sich jemand, der sich Kinder wünscht, der Kinder für das einzig fehlende Puzzlestück zum Glück in seinem Leben hält, vorstellen, wie er sich drei Jahre nach der Geburt seines ersten Kindes fühlen wird?

Man »wird« nicht glücklich. Glück ist keine Belohnung, die man bekommt, wenn man vorgegebenen Lebenswegen folgt. Es stellt sich nicht ein, wenn man gewisse Dinge erreicht, man bekommt es auf keinem Silbertablett serviert.

Glücklich sein statt glücklich werden

Ich glaube, Glück lässt sich nur spüren und man kann es nur in der Gegenwart wirklich erleben. Es handelt sich um ein freudiges Gefühl, das man von Augenblick zu Augenblick wahrnimmt. Ein unglücklicher Mensch kann nicht planen, morgen glücklich zu sein, übermorgen oder nächstes Jahr, denn wenn die jeweiligen Augenblicke kommen, sind sie doch wieder nur das aktuelle »Jetzt«, in dem dieser Mensch unglücklich ist. Umgekehrt brauchen wir nichts Zusätzliches, um uns in diesem Augenblick glücklich zu fühlen. Wir können uns tatsächlich immer glücklich fühlen.

Der Minimalismus maximiert die 40 Prozent, die ich aus meinen Handlungen beziehe

Warum jagen wir materiellen Dingen nach, wenn die Lebensumstände nur 10 Prozent unseres Glücksempfindens ausmachen? Warum lösen wir uns nicht von Krempel und leben minimalistisch – jederzeit frei, unser Verhalten zu ändern, das schließlich 40 Prozent zu unserem Glück beträgt?

Für mich stellte Minimalismus einen wichtigen Schritt zum Glück dar. Heute bin ich glücklicher als je zuvor. Früher war ich sehr gehemmt, ich redete wenig und lächelte selten. Ein paar Mal hörte ich von Leuten, ich sei völlig undurchschaubar, äußerlich emotionslos wie ein Roboter. Doch dieser Roboter ändert sich allmählich.

Ich habe nicht viel – außer Zeit. Ich empfinde das als unglaublichen Luxus. Ich genieße die Einfachheit meines täglichen Lebens, fühle mich weder gestresst noch überwältigt. Meinen sinnlosen Stolz habe ich abgelegt, es schert mich nicht mehr, was andere von mir halten. Nur so war es mir überhaupt möglich, dieses Buch zu schreiben.

Ich kann besser fokussieren als früher und konzentriere mich jetzt auf die Arbeit, die ich schon immer machen wollte. Ich nehme das Hier und Jetzt viel stärker wahr. Ich hänge keinen vergangenen Niederlagen nach und sorge mich nicht wegen meiner ungewissen Zukunft.

Heute spüre ich tagtäglich Dankbarkeit. Das ist die größte Veränderung, die in mir stattgefunden hat. Mein Alltag bewegt mich täglich neu, ich lebe erfüllt von Dankbarkeit für meine Freunde und die Dinge, die ich noch besitze.

Minimalismus ist kein Ziel, sondern eine Methode. Er hat mich viele wichtige Dinge gelehrt. Falls Sie diese Dinge ohnehin schon wissen, müssen Sie gar kein Minimalist werden. Selbst ich könnte jetzt hemmungslos shoppen gehen – solange ich nicht vergesse, was der Minimalismus mich gelehrt hat.

Minimal & ism (minimalism.jp), die Website, die ich mit Naoki Numahata betreibe, bezieht ihren Namen von der Idee, dass wir herausfinden können, was für uns wirklich zählt, indem wir unseren Besitz auf ein Minimum reduzieren. Ich habe auf diesem Weg entdeckt, dass die Menschen um mich herum das Wichtigste für mich sind.

Damit meine ich nicht nur Freunde und Verwandte oder talentierte und schöne Menschen, nicht nur Menschen, die ebenso ticken wie ich. Nein, ich meine jeden Menschen, dem ich heute begegne.

Was zählt in meinem Leben? Der Mensch, der mir gerade gegenübersteht.

Nachwort und maximaler Dank

Inzwischen bin ich ein Experte in Sachen Dankbarkeit, weshalb dieser Abschnitt ziemlich lang ausfällt. Über den Ausdruck »Minimalist« stolperte ich erstmals in einem Artikel von Naoki Numahata, mit dem ich jetzt die *Minimal & ism*-Website betreibe. Schon bei unserer ersten Begegnung unterhielten wir uns leidenschaftlich über Minimalismus; rückblickend sieht es fast so aus, als wäre der Plan für unsere Website schon damals entstanden. Ich hielt mich nie für einen Menschen, der anderen etwas zu bieten hat, doch dann vernarrte ich mich in das Verfassen meines Blogs, der wiederum zu diesem Buch führte. Ich bin sehr froh, über den Minimalismus gute Freunde gewonnen zu haben.

Ich möchte auch meinem Arbeitgeber *Wani Books* danken. Das Unternehmen unterstützte mich sehr freundlich, nachdem ich, ein Lektor, angekündigt hatte, ein Buch schreiben zu wollen. Meine Chefs müssen sich gefragt haben, was wohl in mich gefahren war oder ob ich vielleicht nur noch ein paar Monate zu leben hatte. Ich jedenfalls fühlte mich die ganze Zeit so. Wäre Wani ein größerer Verlag gewesen, hätte ich mich wahrscheinlich nie getraut, meinen Wunsch zu äußern.

So gilt mein herzlichster Dank unserem Vorstand Herrn Yokouchi, unserer Cheflektorin Frau Aoyagi, die mein ungewöhnliches Projekt unterstützte, und meiner unmittelbaren Vorgesetzten Frau Ichiboji, der Leiterin der Abteilung Fotosammlung. Ich möchte all meinen Kollegen danken, die aushalfen, während ich mich ein volles Jahr mit Gedanken zu meinem Buch herumschlug.

»Was macht Spaß daran, in einer solchen Wohnung zu leben«, fragte mich unser Vertriebsleiter Herr Sakurai einmal. Es freut mich, dass wir solche guten Gespräche führen konnten. Und jetzt ziehen wir los und verkaufen das Buch!

Ich möchte auch Herrn Otsuka danken, den ich immer wieder nach Zitaten fragte, und allen Mitarbeitern der Verwaltung. Ich hoffe, dieses Buch macht euch in der Presseabteilung sehr viel Arbeit! Den Kollegen im Digital Publishing möchte ich sagen, dass ich mich darauf freue, dieses Buch auch digital zu veröffentlichen. Den Menschen in der Finanzabteilung verspreche ich, meine Rechnungen für dieses Buch rechtzeitig einzureichen. Vielen Dank auch den Beschäftigten in der allgemeinen Verwaltung. Dank allen Kollegen für eure Ermunterungen! Ich habe es gern gehört, dass ihr euch auf das Erscheinen des Buches gefreut habt.

Als Lektor, der normalerweise hinter den Kulissen tätig ist, weiß ich genau, wie viele Menschen hart arbeiten mussten, bis dieses Buch zum Leser gelangte. Mein Dank gilt allen Beschäftigten bei Toppan Printing, die dieses Buch gedruckt haben, bei National Bookbinding, die dieses Werk gebunden haben, und den Leuten von ALEX, die das Layout gestaltet haben, den Korrekturlesern des Tokyo Shuppan Service Center und schließlich den Leuten von Taiyo Shoji, die immer unsere schweren Bücherstapel transportieren. Vielen, vielen Dank!

Zuletzt möchte ich noch den Buchhändlerinnen und Buchhändlern danken. Ihr seid für uns und für die Leser unersetzlich! Nur zu, ratet allen Kunden zu diesem Buch!

Ich möchte auch Steve Jobs und Apple danken. Das iPhone und das MacBook Air, zwei wahrlich minimalistische Produkte, erlaubten es mir, mich von vielen materiellen Dingen zu trennen und von fast überall aus zu arbeiten. Beim Schreiben unterstützte mich die Textverarbeitung Microsoft Word, die Gliederung organisierte ich mit der Tree2-App. Dropbox ermöglichte es mir, Material sicher zu speichern. Dank der Weiterentwicklung verschiedener Technologien brauchte es dafür keine weiteren Geräte.

Außerdem möchte ich Jonathan's in Meguro danken, wo man mich den Großteil dieses Buches schreiben ließ. Dank auch an Jonathan's in Fudomae, wo ich den Rest des Buches schreiben durfte. Sorry, dass ich stundenlang einen Tisch belegte! Mit ein Grund, warum ich nach Fudomae zog, war euer Restaurant. Vielen Dank möchte ich auch der Stadtbibliothek Tokio mit ihrem wunderbaren Garten sagen. Hierhin ging ich während des Schreibens jeden Tag. Oft inspirierten mich die Enten und Schildkröten, die dort gemächlich im Teich schwimmen.

Dank auch den vielen Minimalisten, denen ich begegnete. Häufig fragte ich mich, ob das, was mir passierte, nur einen Einzelfall darstellte. Deswegen war ich froh, euch gefunden zu haben. Ihr wart so freundlich, großzügig und fröhlich! Euch allen, das spürte ich, geht es besser, seit ihr minimalistisch lebt. Allen Minimalisten, denen ich im Zuge der Recherchen zu diesem Buch begegnete, möchte ich sagen: Mein Text spiegelt zwar meine persönlichen Ansichten wider, doch ihr alle habt mich enorm inspiriert. Ich betrachte euch alle als Freunde und freue mich darauf, euch wiederzusehen. Hiji, meine Teilnahme an der von dir organisierten Veranstaltung »Minimalist Kyoto Off-Kai« war für mich ein Startschuss. Dieses Treffen half mir, mich zu verändern.

All jenen unbekannten Minimalisten, die zur guten Publicity des Buches beigetragen haben, möchte ich sagen: Ich glaube, je weiter sich der Minimalismus verbreitet, desto mehr Menschen werden glücklich und frei. Danke!

Dank auch dem Designer Keito Kuwayama! Seiner göttergleichen Schnelligkeit ist es zu verdanken, dass trotz des Termindrucks alles geklappt hat. Sie arbeiten so schnell, dass ich nur staunend zusehen konnte. Ich bin noch immer verblüfft. Vielen, vielen Dank dafür, dass Sie ein so tolles Design in so kurzer Zeit erstellt haben.

Vielen Dank auch meinem Lektor Shunsuke Murakami. Ich hätte nie gedacht, dass ein Lektor einen Lektor braucht. Doch ich bin wirklich froh, dass ich nicht alles selbst machen musste. Wahrscheinlich hätte ich sonst aufgegeben. Während des Schreibens zweifelte ich oft genug daran, ob irgendjemand aus dem Buch etwas würde lernen können. In diesen Augenblicken rief ich mir Herrn Murakamis aufmunternde Worte ins Gedächtnis. Ich habe mich auch sehr darüber gefreut, wie viel Aufmerksamkeit Sie meinem Text als Lektor gewidmet haben. Vielen Dank!

Dank auch all meinen Freunden und Verwandten, die die Werbetrommel für dieses Buch rührten. Bitte sagt mir ganz offen, was ihr davon haltet, nur keine Zurückhaltung. Entschuldigung dafür, dass ich mich von all euren Geschenken getrennt habe! Es tut mir wirklich leid. Ich habe alles fotografiert und erinnere mich gern an die Freude, die ich empfunden habe, als ihr mir diese Dinge überreicht habt. Ich habe mich mit einem Gefühl der Dankbarkeit von ihnen verabschiedet. Ich habe riesiges Glück verspürt, als ich die Dinge bekam und ebenso als ich mich von ihnen trennte. Vielen Dank!

Dank auch all meinen Lesern. Danke, dass Sie dieses Buch gelesen haben! Ich habe Ihnen alle Gedanken geschildert, die mir durch den Kopf gingen, als ich mich von meinem materiellen Besitz getrennt habe. Ich hoffe, irgendetwas hat sich Ihnen eingebrannt, und sei es nur ein kurzer Satz. Bestimmt befinden sich noch viele Fehler im Text. Dafür übernehme ich die volle Verantwortung.

Zuletzt möchte ich meinem verstorbenen Vater und meiner lieben, gesunden Mutter danken. Vielen Dank, dass ihr mich nie zu etwas gezwungen habt und mich Unabhängigkeit gelehrt habt! Ihr habt mir beigebracht, selbstständig zu denken. Vielen, vielen Dank aus ganzem Herzen!

Beenden möchte ich das Ganze mit einem meiner Lieblingszitate. Es stammt aus einem Gedicht des Poeten Rūmī:

Jetzt schließe ich meinen Mund,
hoffend, dass du deinen öffnest.

Zusammenfassung: 55 Tipps, wie man sich von Dingen verabschiedet

1 Trennen Sie sich von der Illusion, Sie könnten sich nicht von Ihren Sachen trennen.
2 Wegwerfen muss man lernen.
3 Wenn man etwas weggibt, gewinnt man unterm Strich.
4 Erkunden Sie, warum Sie sich nicht von Dingen trennen können.
5 Minimalismus ist schwierig, aber nicht unmöglich.
6 Ihre Gehirnkapazität, Ihre Energie und Ihre Zeit sind begrenzt.
7 Trennen Sie sich jetzt von etwas.
8 Sie werden bei keinem einzigen Gegenstand bereuen, ihn weggeworfen zu haben.
9 Beginnen Sie mit offenkundigem Müll.
10 Misten Sie alle Gegenstände aus, die Sie mehrfach haben.
11 Trennen Sie sich von allem, was Sie ein Jahr lang nicht mehr benutzt haben.
12 Werfen Sie weg, was Sie nur zum Angeben besitzen.
13 Unterscheiden Sie zwischen dem, was Sie wollen und was Sie brauchen.
14 Fotografieren Sie die Gegenstände, an denen Sie sehr hängen.
15 Digitalisierte Erinnerungen sind leichter zugänglich.
16 Unsere Dinge sind wie Zimmergenossen, nur dass sie keine Miete bezahlen.
17 Aufräumen heißt noch nicht Minimieren.

18 Bekämpfen Sie das Problem (Unordnung) an der Wurzel (Schränke).
19 Lassen Sie »ungenutzten« Platz frei.
20 Vergessen Sie »irgendwann«.
21 Verabschieden Sie sich von Ihrem alten Ich.
22 Werfen Sie Dinge weg, die Sie vergessen haben.
23 Versuchen Sie nicht, beim Entrümpeln kreativ zu werden.
24 Vergessen Sie den Preis.
25 Niemand braucht Vorräte.
26 Glücksgefühle helfen Ihnen bei der Entscheidung.
27 Auf Versteigerungen lässt sich Besitz schnell loswerden.
28 Nutzen Sie Versteigerungen, um einen letzten Blick auf Ihre Sachen zu werfen.
29 Lassen Sie Ihren Besitz abholen.
30 Hängen Sie sich nicht am ursprünglichen Preis auf.
31 Betrachten Sie Läden als Ihre Lagerräume.
32 Die Stadt ist die Erweiterung Ihrer Wohnung.
33 Trennen Sie sich von allen Dingen, über die Sie nicht mit Leidenschaft sprechen können.
34 Würden Sie den Gegenstand wieder kaufen, wenn er verloren ginge?
35 Werfen Sie Geschenke ruhig weg. Sie erinnern sich ja auch nicht mehr daran, was Sie alles verschenkt haben.
36 Überlegen Sie, was der Verstorbene gewollt hätte.
37 Erinnerungsstücke wegzuwerfen, heißt nicht, Erinnerungen wegzuwerfen.
38 Große Besitztümer ziehen einen Rattenschwanz nach sich.
39 Unser Zuhause ist kein Museum.
40 Seien Sie gesellig und leihen Sie Dinge aus.
41 Mieten Sie, was sich mieten lässt.

42 Holen Sie sich Minimierungsansporn in sozialen Medien.
43 Was wäre, wenn Sie ganz von vorn anfingen?
44 Sagen Sie »bis später«, bevor Sie »Tschüss« sagen.
45 Trennen Sie sich von optischen Krawallmachern.
46 Eins rein, eins raus.
47 Vermeiden Sie den Concorde-Denkfehler.
48 Gestehen Sie sich Fehler rasch ein und lernen Sie daraus.
49 Betrachten Sie »einkaufen« als »mieten«.
50 Nehmen Sie nichts, weil es billig oder geschenkt ist.
51 Wenn Sie nicht »Unbedingt, ja!« sagen, heißt das »Nein«.
52 Die Dinge, die wir wirklich brauchen, finden immer zu uns zurück.
53 Bleiben Sie dankbar.
54 Wegwerfen kann eine Verschwendung sein. Doch die Schuldgefühle, die Sie vom Wegwerfen abhalten, sind die wahre Verschwendung.
55 Die Dinge, von denen wir uns verabschieden, sind genau die, an die wir uns ewig erinnern werden.

15 zusätzliche Tipps für die nächsten Schritte auf dem Weg zum Minimalisten

1. Weniger Besitz bedeutet nicht weniger Zufriedenheit.
2. Schaffen Sie sich eine eigene Uniform.
3. Wir entdecken unsere Unverwechselbarkeit, sobald wir weniger besitzen.
4. Werfen Sie etwas weg, wenn dieser Gedanke Ihnen zum fünften Mal kommt.
5. Erfahrene Minimalisten können die »Bis später«-Phase überspringen.
6. Unannehmlichkeiten können uns glücklicher machen.
7. Geben Sie selbst Dinge weg, die einen Funken von Freude erzeugen.
8. Minimalismus bedeutet Freiheit. Je früher Sie sie erleben, desto besser.
9. Wer ausmistet, verringert zwar seinen Besitz, wird aber kein geringerer Mensch.
10. Befreien Sie sich von vorgefassten Meinungen, wie man Dinge verwenden soll.
11. Denke nicht, entsorge!
12. Minimalismus ist kein Wettkampfsport. Geben Sie nicht mit Ihrer Besitzlosigkeit an. Verurteilen Sie niemanden, der mehr besitzt als Sie.
13. Der Wunsch, Dinge loszuwerden, und der Drang, Dinge zu besitzen, sind zwei Seiten derselben Medaille.
14. Finden Sie Ihren persönlichen Minimalismus.
15. Minimalismus ist eine Methode und nur der Beginn.